Maria Widl   Christentum und Esoterik

Maria Widl

Christentum und Esoterik

Darstellung,
Auseinandersetzung,
Abgrenzung

VERLAG STYRIA

Die Deutsche Bibliothek – CIP-Einheitsaufnahme

Widl, Maria:
Christentum und Esoterik : Darstellung,
Auseinandersetzung, Abgrenzung / Maria Widl. –
Graz ; Wien ; Köln : Verl. Styria, 1995
ISBN 3-222-12354-3

Printed in Austria
Umschlaggestaltung: Zembsch'Werkstatt, München
Gesamtherstellung: Medienhaus Styria, Graz
ISBN 3-222-12354-3

INHALT

VORWORT

New Age, Esoterik, Psychokultur und Okkultismuswelle sind schon seit einigen Jahren ein viel besprochenes Thema. Bücher, Zeitschriften und Bildungsveranstaltungen zeigen immer neue Seiten dieser schillernden Szene auf. Manche sehen darin eine vom Grundanliegen her christliche Bewegung, an der sich die Kirchen beteiligen sollten. Viele sehen es als ein antikirchliches Sektenphänomen oder einen schädlich verführerischen pseudoreligiösen Markt. Bei diesem Stand der Diskussion ist ein qualitativ neuer Überblick gefragt.

Das angesprochene Phänomen tritt in einer Zeit gesellschaftlicher Krisen und Umbrüche auf. Moderne Entwicklungen verunsichern und fördern das Aufflammen von Fundamentalismen. Die Nebenwirkungen des industriellen Luxus – Zerstörung der ökologischen Systeme, Verelendung der Dritten Welt, Sinnkrise und Suchtphänomene unter den Reichen, Entsolidarisierung und Beziehungsverlust – stellen das Projekt der Moderne in Frage. Die Diskussion dreht sich um „Wertewandel" und „Postmoderne". Das verdrängte Religiöse wird wieder zum gesellschaftlichen Thema. Hier den Zusammenhang zur Esoterikwelle zu analysieren, ist aufschlußreich.

Die Kirchen profitieren nicht von der neuen Religiosität, im Gegenteil. Sie sind gemeinsam mit anderen gesellschaftlichen Institutionen in der Krise. Die katholische Kirche steht drei Jahrzehnte nach dem 2. Vatikanischen Konzil erneut vor der Aufgabe, ihr Verhältnis zur Moderne zu bestimmen. Andererseits kann sie sich den Herausforderungen der Postmoderne nicht verweigern. Esoterikfreundliche Autoren erwarten von dieser Seite auch manche befruchtende Inspirationen. Es wird zunehmend wichtig, hier an visionäre Kriterien für eine Weiterentwicklung der Kirche in unseren spätindustriellen Gesellschaften zu arbeiten.

Diesen Aufgabenstellungen weiß sich Maria Widl seit langem verpflichtet und hat in ihrer zehnjährigen Mitarbeit am Institut für Pastoraltheologie in Wien viel in dieser Richtung beigetragen. In ihrer Dissertation hat sie dieses Phänomen der „Neuen Religiösen Kulturformen" (NRK) umfassend analysiert, als „Sehnsuchtsreligion" erhellend beschrieben, die Verbindungen zu einschlägigen religionssoziologischen Studien und zur kulturphilosophischen Postmoderne-Diskussion aufgezeigt und die Linien für das kirchliche Weiterdenken vorgezogen.

Das vorliegende Buch ist eine reife Frucht dieser Arbeit für alle zeit-, religions- und kircheninteressierten Personen. Es macht durch gute Überblicke und zahlreiche Beispiele anschaulich, welche Sehnsüchte heutige Menschen bewegen, wie sie durch die NRK aufgegriffen werden, was für ein postmodernes Grundmuster sich darin zeigt und was daraus praktisch für das ganz konkrete kirchliche Handeln folgt. Wer selbst Interessen an dem einen oder anderen Gebiet der NRK hat, wird sich verstanden wissen. Wen das Leben und die Entwicklung der Kirche – auch ganz konkret in der Pfarrgemeinde – beschäftigt, wird praktische Anregungen finden.

P. M. Zulehner

8

1. Kein Ende der Religion

Es geht uns gut, sehr gut. Alltäglicher Luxus ist zur Selbstverständlichkeit geworden. Der Wohlstand als Lebensziel hat seine visionäre Kraft verloren. Wir arbeiten immer mehr und wissen immer weniger, wofür. Unseren Kindern können wir alles bieten. Und sie danken es uns durch lustlosen Egoismus und durch No-future-Stimmung, durch Mangel an Idealen oder rechtsradikale Parolen. Wir haben als westliche Gesellschaften viel erreicht – und haben dabei den Sinn verloren.

Mit dieser Nebenwirkung eines modern werdenden Lebens hatte kaum jemand gerechnet. Eher war erwartet worden, daß eine aufgeklärte Gesellschaft die Religion abschaffen würde; ein Relikt aus Zeiten, wo man noch einen Gott für das brauchte, was heute der Mensch dank Wissenschaft und Technik selbst durchschaut und leistet. Das Ende der Religion – von den einen herbeigewünscht, von den anderen befürchtet – ist nicht eingetreten. Es gibt einen neuen gesellschaftlichen Trend zum Religiösen, Mystischen und Geheimnisvollen.

Die Kirchen haben davon nicht profitiert. Die wiedererwachten religiösen Wünsche und Bedürfnisse werden offenbar in den Kirchen nicht gut bedient. Neben ihnen wächst eine *religiöse Szene*, die sich längst unabhängig von der traditionellen Sektenlandschaft entwickelt. Ein reichhaltiger Buchmarkt, Vorträge und Kurse, Lernprogramme, Spiele und magische Requisiten – ein reichhaltiger Markt tut sich auf. „New Age" und „Esoterik" sind die Stichworte dazu, unter denen die Kirchen ebenso wie gesellschaftskritische Bewegungen das Phänomen zu beschreiben und in den Griff zu bekommen versuchen.

2. Neue Religiöse Kulturformen

Dabei ist noch nicht einmal klar, wovon die Rede ist. Esoterik-Welle, neues religiöses Bewußtsein, Okkultismus / Satanismus, Psychokultur, religiöse Alternativbewegung, Wertewandel, Paradigmenwechsel, ökologische Religiosität … das Phänomen hat viele Namen und Gesichter. Was es aber genauerhin ist, entzieht sich der genauen Definition. Auch wie verbreitet dieses Gedankengut ist und ob es bzw. wie weit es in die Kirchen hineinreicht oder gegen sie steht, ist noch kaum erforscht.

Am gebräuchlichsten ist gegenwärtig der Begriff *"New Age"*. Im engeren Sinn ist damit die Überzeugung angesprochen, wir erlebten gegenwärtig den Übergang vom "Zeitalter der Fische" zu dem des "Wassermanns", das uns eine weltweite paradiesische Friedensepoche bescheren werde. Diese *astrologische Zeitdeutung* ist erstmals in theosophischen Schriften Ende des 19. Jh.s belegt und erreichte eine Blüte in der amerikanischen Hippiekultur der 60er Jahre. Im Europa der 70er Jahre entwickelte sich daraus – motiviert durch die Bücher von Ferguson und Capra – eine nachmarxistisch-esoterische Szene, in der aber die ursprüngliche astrologische Ansicht des "New Age" nie bedeutsam wurde. Inzwischen ist sie auch in Amerika längst "out". Als Pauschalbezeichnung handelt es sich um einen überholten Modebegriff, der sachlich teilweise im Wendezeit-Paradigma weiterlebt.

Anders verhält es sich mit dem Begriff *"Esoterik"*. Er verweist auf ein Glaubenssystem, das in der Antike neben dem Christentum entstand. Es hatte zu allen Zeiten – mehr oder weniger öffentlich und geduldet – und hat auch heute seine Anhänger. Gleichzeitig muß der Begriff als diffuser Sammelbegriff für alle möglichen "Geheimlehren" quer durch die Jahrhunderte und die Kulturen herhalten. Darin kommt primär zum Ausdruck, daß es ein religiöses gesellschaftliches Phänomen gibt, das sich nicht als Sekte im herkömmlichen Sinn bezeichnen läßt. Menschen emanzipieren sich im religiösen Bereich von den Kirchen und greifen dazu inhaltlich verschiedene Traditionen und Ideen auf.

Das allein reicht zur Beschreibung jedoch noch nicht aus. Es gibt im Umkreis dieser außerkirchlichen Religiosität eine gesellschaftliche *Alternativkultur*, die auch Ökologisches, Feministisches, Psychologisches und Politisches einschließt. Manches entspricht nur einer Modewelle. Insgesamt ist jedoch eine Vielfalt kulturell relevanter Initiativen, Strömungen und Milieus zu beobachten, die einen breiteren Begriff notwendig macht. Es geht darin um die Entwicklung einer Lebensgestaltung, die den „Challenges", den Bedrohungen und Herausforderungen in unserer luxusverwöhnten und kaputtkonsumierten Welt gerecht wird. Das ist wohl das zentrale Anliegen dieser *„Sehnsuchtsreligion."*[1] Es wird von ChristInnen so maßgeblich mitgetragen und mitgestaltet, daß man das Phänomen als ganzes nicht als außerkirchliches oder antikirchliches einschätzen darf. Auf dem Hintergrund all dieser Überlegungen soll deshalb im weiteren von „Neuen Religiösen Kulturformen" (NRK) die Rede sein.

3. Unterschiedliche Einschätzungen

Wenn von „New-Age-Bewegung" oder „Esoterikwelle" die Rede ist, so sind meist jene Anteile der NRK gemeint, die weltanschaulich nicht dem christlichen Denken entspringen. Bei manchen erzeugt das Angst, bei anderen Neugierde oder sogar Hoffnungen. Die Haltung zu diesem Phänomen ist ambivalent. Ebenso zwiespältig ist auch die kirchlich-theologische Diskussion in der breiten Fächerung zwischen „Der Geist des Neuen Zeitalters ist der Geist Gottes"[2] und „Die Hölle hat sich aktiviert wie noch nie".[3] Verschiedene Gründe sind dafür ausschlaggebend.

a) Die Erfahrungs- und Themenfelder der NRK sind so vielfältig und so unabgrenzbar in die verschiedensten Bereiche hineinreichend, daß fast jeder damit Befaßte zu einer anderen Einschätzung kommt, was als „New Age" zu betrachten ist. Geht es um Alternativkultur oder um einen religiös verbrämten Hedonismus? Sind die in mancher Hinsicht genuin christlichen Anliegen zentral oder geht es um Synkretismus und Neugnosis? Darf man sich über das öffentlichgesellschaftliche Erwachen religiöser Sehnsüchte und Themen freuen, oder wächst hier ein unschlagbares Konkurrenzunternehmen zu den Kirchen?

b) Die Autoren haben unterschiedliche Präferenzen für politische wie spirituelle Neuansätze. Die einen sind mit dem Herkömmlichen im Prinzip zufrieden und können sich nur für etwaige Verbesserungen der bewährten politischen, gesellschaftlichen, wirtschaftlichen, technischen und kirchlichen Strukturen erwärmen. Sie halten Kritik und Veränderungswünsche für eine Bedrohung des Systems und das Hören auf persönliche geistliche Erfahrungen für den Untergang des Christlichen. Die anderen konstatieren das endgültige Ende der Nachkriegszeit mit ihren Wiederaufbau- und Wohlstandszielen und treten für mehr Phantasie, Mut, Forschung und Meinungsbildung zugunsten alternativer Gestaltungsformen ein. Sie erfahren die Lebendigkeit des Glaubens nur im Wandel seiner Ausdrucks- und Gestaltungsformen und wünschen sich daher viel Beweglichkeit und Bewegtheit auch für die Kirche.

c) Schließlich wirken sich die unterschiedlichen fachlichen Interessenslagen auf den Blickwinkel der Betrachtung aus:

• Wer den reinen christlichen Glauben zu verteidigen hat, der wird zu Recht vor all dem warnen, was im Schmelztiegel neureligiösen Denkens an Abstrusem, Banalem und auch Gefährlichem zu finden ist; und er wird das mit einer Unzahl an Zitaten belegen können. Er wird dabei aber die Herausforderungen und Chancen für eine Lebendigkeit des christlichen Glaubens unter modernen Bedingungen übersehen.

• Wen die Gefahren für die Kirchen bewegen, der kann leicht geneigt sein, die positiven Ansätze als immer schon kirchliche Anliegen darzustellen und den „Unfug" zum Merkmal der neuen Szene machen. Oder sie[4] wird beschrieben, wie sich Neureligiöses auf teuflische Weise in die Kirchen einschleicht und sie bereits bedrohlich unterwandert hat. In beiden Fällen wird übersehen, daß sich die Kirche historisch betrachtet laufend verändert, dabei Neues integriert und eigene Fehlentwicklungen ausgeschieden hat.

- Wer theologisch-dogmatisch arbeitet, wird wertvolle Beiträge zur Unterscheidung der Geister beisteuern. Er muß dabei aber methodisch voraussetzen, daß das Phänomen sich dogmatisch bearbeiten läßt. Das setzt ein ausdrückliches Bekenntnis zu bestimmten (Glaubens-)Wahrheiten oder wenigstens ein allgemein verbindliches Gedankengut voraus. Diese Annahme wird allerdings dem Phänomen nur in einigen Bereichen gerecht.
- Schließlich gibt es das Bemühen, die Zeichen der Zeit nach paulinischem Grundsatz zu lesen: „Prüfet alles, und behaltet das Gute" (1 Thess 5,21). Die Schwierigkeit dabei liegt darin, daß man in der Pluralität des modernen Lebens kaum noch Kriterien dafür angeben kann, was allgemein und grundsätzlich gut ist. Und selbst wo darüber noch ein Konsens zu erzielen ist, kann er selten auf den individuellen Einzelfall umgesetzt werden, weil dieser viel zu komplex ist.

4. Eine Suchbewegung

Insgesamt ist die Abgrenzung schwierig, weil sich ganz unterschiedliche Bereiche überschneiden. Es gibt einen Markt mit Büchern, Kursen und Requisiten, die der Lebenshilfe, der Sinnsuche und der Alltagsgestaltung gewidmet sind. Er zielt auf Kunden ab, die unverbindlich und nach eigenem Gutdünken das sie Ansprechende einkaufen. Daneben gibt es verschiedene „Ausbildungswege", etwa psychologische oder schamanische, die eine auf Dauer verbindliche Teilnahme erfordern. Dazu kommen westliche Lebensformen östlicher Religionen, archaischen Traditionen verbundene Lebenswege, Anhänger verschiedener esoterischer Traditionen, die entweder zusammengeschlossen oder eher locker vernetzt sind; dazu meditative Gruppen etwa aus der Zen-Kultur. Schließlich gibt es offene Zusammenschlüsse, bei denen das gesellschaftspolitische Engagement im Vordergrund steht, etwa mit ökologischen oder feministischen Zielsetzungen.

Gemeinsam ist all diesen Bewegungen, Gruppen und Segmenten:

13

– einerseits ein Lebensgefühl, das sich einer gesellschaftlichen oder kosmischen „Wendezeit" verbunden weiß und ein „Netzwerk" darin solidarischer Personen fördert;

– andererseits ein Weltverständnis, das jene Inhalte und Verstehensmuster aufnimmt und weiterentwickelt, die auf dem Sinnsuchemarkt vorkommen.

In beiden Bereichen ist Christliches mit eingeschlossen.

Gegen diese bunte Mischung von Inhalten und Verstehensweisen, die Einzeltraditionen als solche nicht wahr- oder nicht ernstnimmt, setzen sich die Kirchen zur Wehr; aber nicht nur sie. Auch viele TherapeutInnen, EsoterikerInnen, AstrologInnen oder SchamanInnen einer bestimmten Tradition oder Schule grenzen sich leidenschaftlich von denen ab, die zwischen allen Richtungen nur selektiv auf der Suche sind. Auch der Ernst des Suchens ist unterschiedlich.

Im ersten Teil des vorliegenden Buches sollen diese Suchbewegungen im Mittelpunkt stehen. Was sind ihre Ziele und ihre Inhalte? Wer macht sich da auf die Suche? Wonach ist man auf der Suche? Es wird sich zeigen, daß drei große Bereiche dabei eine Rolle spielen:

1. die Suche nach Lebenshilfe angesichts persönlicher Überforderung und steigender gesellschaftlicher Erwartungen;

2. die Suche nach einer Verheißung, einer Vision, einer Utopie von einer besseren Welt, jenseits der allgegenwärtig erfahrenen modernen Bedrohungen;

3. die Suche nach Wegen der Einübung und der Vorwegnahme dieser besseren Welt, dieser ersten Spuren eines „Paradieses" hier und jetzt.

Es wird sich dabei herausstellen, daß „Lebensqualität" ein neuer Schlüsselbegriff ist. In ihm läßt sich augenscheinlich jene gesellschaftliche Hoffnungskraft finden, die der Begriff „Wohlstand" verloren hat.

5. Eine „Sehnsuchtsreligion"

Im zweiten Teil geht es darum, diese Suchbewegung näher zu betrachten. Die ChristInnen kann es ja nicht kalt lassen, wenn neben, in und quer zu den Kirchen eine religiöse

14

Suche stattfindet, die nicht im Namen der Kirchen geschieht und nicht im Rahmen des Christlichen bleibt. Wie weit das, was dort geschieht, in ihrem Sinn sein kann, bleibt zu prüfen.

Dabei wird sich zeigen, wo die Stärken dieser Suchbewegung liegen: Es ist eine Religiosität mitten in den Fragen, Problemen und Chancen der modernen Welt. In ihren Themen und Inhalten artikulieren sie die großen Schwachstellen der Kirchen. Darin, daß sie die wunden Punkte des Christentums bei uns berühren, nicht wegen ihrer möglichen Konkurrenz bei der Mitgliederwerbung, werden sie zur großen Herausforderung für die Kirchen.

Es zeigen sich aber auch die Schwächen: Die NRK sind wohl die angemessenste, aber auch die angepaßteste Form von Religion in modernen Gesellschaften. Sie haben damit Anteil an all den Problemen der Moderne, zu deren Lösung sie angetreten sind. Insofern kann man in ihnen zwar die Zuspitzung der Fragen, aber kaum Antworten finden, die weiter tragen als die Vision der Moderne trägt. Wer mitten drinnen steckt, hat keine Kompetenz für Lösungen jenseits des „Projekts Moderne". Die richtigen Fragen sind die Stärke der NRK. Sie bringen die Sehnsucht der Menschen zum Ausdruck, haben aber wenig zu ihrer Befriedung zu bieten. Sie bilden eine „Sehnsuchtsreligion".

Es zeigt sich aber noch eine dritte Dimension. Quer durch die Sehnsüchte zieht sich ein Weltgestaltungsmuster, das weiter reicht und die Moderne übersteigt. Man hat versucht, es in Begriffen wie „Wertewandel", „Paradigmenwechsel" oder „Postmoderne" einzufangen. Naturwissenschafter und Philosophen, Vordenker aus Politik und Wirtschaft, moderne Propheten und Mystiker – viele von ihnen dem Christlichen oder den Kirchen verbunden – nehmen die Kritik an den Grundsätzen der Moderne auf und arbeiten kreativ und engagiert an tragfähigen Alternativen. Sie versuchen, dem religiös aufgeladenen Sehnsuchtsbegriff der „Lebensqualität" eine kompetentere und zukunftsträchtige Dimension zu geben. Die Kirchen müssen sich diesen Herausforderungen wohl stellen.

6. „Lebensqualität" aus christlicher Prophetie

Der dritte Teil setzt bei diesen postmodernen Alternativen an. Er prüft den Entwurf der „Lebensqualität" auf dem Hintergrund der christlichen Reich-Gottes-Botschaft Jesu. An welchen Punkten geht das Konzept der Lebensqualität aus christlicher Sicht in die Irre? In welcher Hinsicht können die Kirchen aus ihm Wege ableiten, wie sie die moderne Welt machtvoll und authentisch mitgestalten können? Wo können sie aus der Kraft jahrtausendealter christlicher Tradition und im Vertrauen auf den heute wirkenden Geist Gottes weiter sehen und mutiger vorangehen als die „gottesfreie" Postmoderne?

Andererseits sind die postmodernen Ansätze von der fortdauernden Moderne her kritisch zu betrachten. Ihre Anliegen lassen sich auch säkular darstellen und gemäß den Spielregeln der Moderne einfordern. Damit ergibt sich erst recht die Herausforderung, das nach christlichen Maßstäben zu tun. Die Kirchen mit ihrer nach wie vor starken Präsenz im öffentlichen Leben, ihren hohen Mitgliederzahlen und den vielen engagierten und kompetenten Laien in allen Bereichen „spätchristentümlicher" Gesellschaften erhalten darin große Chancen, ihrer Zukunftsverantwortung gerecht zu werden und dabei gleichzeitig als Institutionen wieder zu erstarken. Was das konkret bedeuten kann, davon handelt der Schluß dieses Buches.

Es wäre nicht zustande gekommen ohne jene vielen Frauen und Männer in der Kirche und den NRK, die das Nachdenken über die Zeitentwicklungen immer wieder beflügelt hat. Besonders zu danken habe ich meinem langjährigen Chef, Univ.-Prof. DDr. Paul M. Zulehner, für vielfältige Unterstützung und Herrn Dr. Anton Grabner-Haider vom Verlag Styria für sein beharrliches Interesse.

Wien, Dezember 1994

TEIL 1

Neue Religiöse Kulturformen:
Eine Suchbewegung

Es ist kennzeichnend für die moderne Welt, daß die Sicherheit der Tradition verlorengeht. Früher gaben gesellschaftliche Ordnungsprinzipien, bürgerliche Standesregeln und kirchliche Moralvorschriften verbindlich vor, wie man zu leben hatte. Wenn man sich an diese allerorts praktizierten Normen hielt, konnte man anerkannt und gut leben. Es gab zwar wenig persönliche Freiheit oder Gestaltungsspielraum, aber ein hohes Maß an gegenseitigen Verpflichtungen und allgemeiner Sicherheit.

Heute wird das zunehmend anders. Viele ethische Normen und Regeln werden außer Kraft gesetzt, weil niemand mehr gezwungen ist, sich daran zu halten. Die Tabus fallen nach und nach, es darf über alles geredet werden. Jeder tut mehr oder weniger, was ihm gefällt. Das Individuum mit seinen persönlichen Vorstellungen und Ansprüchen setzt sich über die Notwendigkeiten der Gesellschaft und beansprucht ein Höchstmaß an Freiheit für sich. Und fast alle halten das für legitim.

Wo gesellschaftliche Freiheit wächst, erhält das Individuum neue Chancen. Es kann ganz persönliche Wege der Lebensgestaltung einschlagen, wie es seinen Neigungen, Begabungen und Entwicklungsschritten entspricht. Nur kann es sich dabei an nichts und niemandem mehr sicher orientieren. Wer die Chance ergreift, sein Leben unter modernen Bedingungen den persönlichen Vorstellungen gemäß zu gestalten, der ist ständig auf der Suche danach, wie das geht. Denn einerseits muß er seinen eigenen Lebensentwurf finden, wobei er im Vollzug erst lernen muß, was ihm am besten entspricht. Und andererseits bleibt auch das noch beständig in Schwebe, weil sich das Leben rundum und damit er selbst laufend wandeln. Das Leben insgesamt wird zur Suchbewegung.

Für viele Menschen wird diese Suche gemildert, weil sie sich zeitweise in traditionelle Lebensbereiche einfügen können: die Arbeitswelt mit den traditionellen Werten von Pünktlichkeit, Fleiß, Unterordnung und Strebsamkeit; die Familienwelt mit den traditionellen Werten von Treue, Gemeinsamkeitsdenken und Verzichtsbereitschaft; die Kirchenwelt mit ihren traditionellen Werten von Sündenbewußtsein, hierarchischem Gehorsam und aufopfernder Nächstenliebe.

Diese Eingliederung des modernen Menschen in traditionelle Lebensbereiche gelingt in der Regel nur mit Krisen und oft nur zeitweise. Wohlstandsverwahrloste Jugendliche lernen nie die Tugenden, die die Arbeitswelt ihnen abverlangt; sie werden nie in diese eingegliedert. Erfolgreiche Arbeitnehmer beginnen damit zu hadern, daß man ihnen zwar reichlich Geld zugesteht, aber die Selbstentfaltung, die Freizeit, das „eigentliche Leben" vorenthält. Besonders Frauen beginnen an den traditionellen Familienwerten zu zweifeln, sobald sie an der Vierfachbelastung von Kindern, Partnerschaft, Haushalt und Beruf zu zerbrechen drohen. Traditionelle Partnerschaftsmuster kommen in Konflikt mit modernen Selbstentfaltungswünschen, was die Scheidungsziffern von Ehen in die Höhe treibt. Und auch im religiösen Bereich entdecken manche, daß ihre spirituelle Sehnsucht weiter reicht als das oft dürftige Ritusangebot der Kirchen.

Wir leben also gegenwärtig in einer Umbruchszeit, wo in traditionellen Lebensbereichen moderne Gestaltungserwartungen aufkommen. Dabei sind die Themen weitaus vielschichtiger als hier angedeutet werden kann. Insgesamt folgt daraus eine Suchbewegung, die mindestens zeitweise all jene erfaßt, die sich einerseits mit den traditionellen Lebensangeboten nicht mehr zufriedengeben, die andererseits Freiheitsspielräume an Zeit und Lebensenergie haben, um sich nach Alternativen umzusehen.

Verschärft wird diese Situation dadurch, daß auch die

Spielregeln der Moderne, noch ehe wir sie persönlich ganz übernommen und kulturell durchgestaltet haben, bereits in die Krise geraten sind. Vor allem in der Technik und Industrie zeigen sich jene unbeabsichtigten, aber nicht mehr zu übersehenden Nebenwirkungen, die die Erfolge der Moderne zunichte zu machen drohen: weltweite Umweltzerstörung, Verelendung von Kontinenten; Verlust an Lebenssinn, an Daseinsfreude und an Zukunftshoffnung in der reichen Welt. Immer mehr Zeitgenossen gewinnen daraus den Eindruck, daß es so nicht mehr lange weitergehen kann. Alternativen sind erst vage in Sicht.

Auf diesem Sektor ist nun das angesiedelt, was hier „Neue Religiöse Kulturformen" genannt wird: ein Markt an Büchern, Requisiten und Lebenskursen, teils von Geschäftemachern, teils ehrlich Suchenden; eine Vielfalt von Lebenshilfebausteinen und religiösen Versatzstücken, von kreativen Ideen und alternativen Ansätzen. All das in seiner bunten und unüberschaubaren Mischung ist insofern religiös, als es sich auf religiöse Traditionen beruft oder bezieht. Damit stellt es sich in einer Mischung aus Lebensgestaltung und Religion teilweise gegen die Moderne, indem es deren Säkularität (also ausdrückliche Religionsfreiheit) zu überwinden trachtet, widerruft oder hinter sie zurückzukehren trachtet.

Bevor dieser Umstand näher zum Thema gemacht werden kann, muß zuerst ein ausführlicher Blick auf die Vielfalt dieser Suchbewegung geworfen werden. Ein erster Durchblick gelingt, wenn man die Zielrichtungen der Suche zum Ordnungsprinzip macht. Es zeigen sich dann drei Bereiche:

1. Es geht um *Lebenshilfe*, also um jene Problembereiche, die der moderne Wohlstandsmensch zuvorderst lösen muß, ohne auf traditionelle Vorgaben ausreichend zurückgreifen zu können: Rezepte für Lebensglück und gesundheitliches Wohlbefinden, für persönlichen Erfolg und die Bewältigung des Schicksals.

2. Die Suche richtet sich auf *Verheißungen*, die eine neue Lebensperspektive eröffnen und damit jene Problemlagen hinter sich lassen, denen der moderne Mensch unentrinnbar unterworfen ist.

3. Man sucht Wege der *Einübung*, um jene neue und bessere Welt ansatzweise vorwegzunehmen, die uns jenseits der Moderne oder durch sie hindurch verheißen ist: in Geschichten, Spielen und „heilen" Naturprodukten.

Bei der Durchsicht durch diese Suchbewegung der NRK wird sich zeigen, daß „Lebensqualität" ein Leitbegriff ist. Der „Wohlstand", das Lebensziel der Nachkriegszeit, das eine Generation auf traditionelle Werte und Lebensmuster verpflichtete und die nächste (die „68er") gegen sie rebellieren ließ, bewegt nur mehr wenige. Die meisten haben ihn längst erreicht und viel mehr dazu. Selbst in den Unterschichten sind Kühlschrank, Waschmaschine und Radio keine Lebensziele mehr.

Was der neue Leitbegriff der Lebensqualität genauer beinhaltet, wird in dem Durchblick durch die Suchbewegung sichtbar. Dabei können immer nur einzelne Beispiele genannt werden, die den großen Überblick nicht ersetzen, ihm aber Farbe geben.

1. Lebenshilfe

Der erste Problembereich des modernen Menschen ist die *alltägliche Lebensbewältigung*. Für Menschen aller Zeiten stellen sich die gleichen Fragen: nach Glück und Gesundheit, nach Anerkennung und Bewältigung des Schicksals, nach dem Ursprung, dem Sinn und dem Ziel des Lebens. Dem modernen Menschen begegnen in diesen Fragen sehr widersprüchliche Anschauungen, Ansprüche und Vorbilder. Er hat unter ihnen die freie Wahl. Aber woher soll er wissen, wie er am besten wählen soll? Es kann ihm aber auch nicht gleichgültig sein, weil das moderne Leben einen Zwang erzeugt, als Individuum glücklich und erfolgreich zu sein.

In dieser Zwickmühle zwischen Erfolgszwang in Sachen Lebensglück und einer hohen Ratlosigkeit über den besten Weg dorthin wächst der Wunsch nach Lebenshilfe. Eine weitgefächerte Ratgeberliteratur und das Kursangebot von Volkshochschulen zeugen davon ebenso wie einschlägige Beiträge in Wochenmagazinen und Tageszeitungen. Alle

Jahre wieder kann man dort vor der Urlaubszeit die besten Diätprogramme und Trainingsmethoden zu einer vollendeten Bikinifigur finden. In der Urlaubszeit haben die Ratschläge zu Partnerschaftsproblemen Hochsaison, zu Beginn des Arbeitsjahres dann Zeit- und Karriereplanung. Wie gering der praktische Wert solcher Beiträge auch sein mag, gelesen werden sie allemal.

In den NRK nun werden diese Lebenshilfefragen aufgegriffen und mehr oder weniger kompetent im Sinne des heutigen Wissensstandes beantwortet. Darüber hinaus werden sie in den religiösen *Bereich* rückgebunden. Damit werden mehrere Leistungen gleichzeitig erbracht:

- Erstens zeigt sich darin die Autorität des Lebenshilfe-Angebots: Es ist nicht einfach eines von vielen verschiedenen und widersprüchlichen, sondern entstammt einer heilen, heiligen und göttlichen Welt, aus der dem Menschen das denkbar Beste zukommt.

- Zweitens werden damit die alltäglichen Lebensfragen ihrer Banalität enthoben und zum Schlüssel des Lebenssinns gemacht: Läßt du dich darauf ein, dann besteht dein Leben nicht mehr aus Alltagskram, sondern du findest eine neue Mitte, die dir Sinn, Halt und Perspektive gibt.

- Drittens wird betont, daß Heilung und Sinn ganz individuell und persönlich sind und in die Eigenverantwortung des einzelnen gelegt werden. Es handelt sich also nicht um autoritäre Vorgaben, die gegen die eigene Natur und bei Strafandrohung zu erfüllen sind, sondern um Angebote, die jeder selbst aufgreifen und nach den eigenen Ansprüchen gestalten kann.

- Viertens schließlich ist das Ergebnis und Ziel solcher Bemühungen die Lebensqualität, also jener quasiparadiesische Zustand, in dem die Alltagsprobleme so bewältigt sind, daß das Schöne, Gute und Wahre zur bestimmenden Lebensdimension werden können.

Wie das konkret geht, läßt sich an vier Bereichen zeigen: Lebensglück, Wohlbefinden, Erfolg und Schicksal. Dazu werden jeweils einige Beispiele aus den NRK herangezogen.

Die erste Ebene der Lebensqualität ist die Suche nach dem, was das eigene alltägliche Leben glücken läßt. Der moderne Wohlstandsmensch erfährt täglich in der Werbung, daß man Glück kaufen kann, daß es sich beim Konsum bestimmter Produkte gleichsam von selbst einstellt. Gleichzeitig traut er diesen Versprechungen aber nicht wirklich, daß Waschmittel das häusliche, Fertigsuppen das familiäre und Autos das freizeitliche Glück garantieren könnten; davon, daß man sich all das erst einmal leisten können muß, ganz zu schweigen. Wer dazu Alternativen anbieten kann, hat gute Chancen, gehört zu werden.

In den NRK werden zwei Wege zum Lebensglück aufgezeigt:

1. Man kann es mit Produkten mitkaufen, sofern diese nicht einfach banal industriell sind, sondern etwas mit den Geheimnissen des Lebens zu tun haben.

2. Das Glück ist eine Frage der positiven Einstellung zum Leben, die Wunder wirken kann – auch ganz real-materielle.

„Positives Denken" (z. B. Joseph Murphy)

Ein erstes Beispiel dafür, wie in den NRK der Weg zum Lebensglück gefunden werden soll, zeigt sich in den Werken von Joseph Murphy. Auf den Klappentexten seiner Bücher[5] kann man lesen, seine Schriften seien bereits in vielen Millionen Exemplaren verkauft, Hunderttausende hätten seine öffentlichen Vorlesungen besucht, Zehntausende hätten ihm geschrieben. Der dreifache Doktor der Religionswissenschaften, der Philosophie und beider Rechte setze „den scheinbar erdrückenden äußeren Zwängen, die unser Leben beeinträchtigen und so viele Menschen in ihrem natürlichen Anrecht auf Liebe, Erfolg und Wohlstand verkürzen, in leicht verständlichen Büchern die Wiedererweckung der seelisch-geistigen Kräfte entgegen, die in uns allen schlummern".[6]

Der Prediger des „Positiven Denkens" erreicht seine ungeheure Popularität durch eine Mischung aus Wundererzählungen, aus Popularpsychologie und christlich-pietistischem Fundamentalismus. Seine Texte sind ermutigend, einfach verständlich und geben ganz konkrete Anleitungen zum Glück in allen Lebenslagen. Eindringlich und in persönlicher Anrede motiviert er dazu, sich der „schöpferischen kosmischen Kraft" anzuvertrauen. Sie wird durch rechtes Denken – von ihm „Gebet" genannt – freigesetzt.

> Der Mensch ist das genaue Spiegelbild dessen, was er den ganzen Tag über denkt. Sie sind tatsächlich selbst Ihres Glückes und Ihrer Zukunft Schmied. Wenn Sie Ihre Denk- und Vorstellungsinhalte ändern, ändern Sie Ihr Schicksal. Das Studium und die Anwendung der großen kosmischen Wahrheiten, die in den Kapiteln dieses Buches aufgezeigt und behandelt werden, können Ihnen befriedigendere, fruchtbarere und lohnendere Erfahrungen bescheren, als Sie je hatten. Beginnen Sie nun damit, Ihr Dasein selbst zu gestalten und zu beherrschen. Gehen Sie vorwärts, auf Leistung, Erfolg und Sieg zu, führen Sie ein reicheres, erfüllteres Leben – *jetzt gleich!*[7]

Wenn man kritisch liest, so sind die Lehren Joseph Murphys ein Humbug. Denn Glück, Erfolg und Lebenssinn sind nicht einfach eine Frage des Willens und der richtigen Technik. Gott erscheint darin als Metapher für die Macht des Denkens, Gebet wird zur Autosuggestiv-Formel, das Böse ist lediglich falsches Bewußtsein. Seine Faszination wird erst verständlich, wenn man mit begeisterten LeserInnen spricht, die auch unter Kirchgehern häufig anzutreffen sind. Er ermutigt dazu, sich nicht grübelnd in den eigenen Sorgen zu verlieren, sondern nach positiven Aspekten zu suchen. Dann zeigt er Wege auf, um sein Leben und Schicksal selbst in die Hand zu nehmen. Das Vertrauen in Gottes liebende Führung und die Macht des Gebetes wird dazu bestärkt und gleichzeitig säkularisiert: Gott hilft auch, wenn man nicht an ihn, sondern nur an sich selbst glaubt.

Eine positive Einstellung zu allen Bereichen des Lebens und Mut zu eigener Initiative, weil man vom Göttlichen getragen ist. Das ist eine erste zentrale Aussage der NRK.

Parapsychologische Glücksbringer (z. B. Hanussen)

„Führung, Gesundheit, Wohlstand, Glück und Seelenfrieden" heißen die Verheißungen, mit denen man ein gutes Geschäft machen kann, wenn man sie z. B. an parapsychologische Glücksbringer knüpft. Ein Beispiel für das gezielte Geschäft mit gutgläubigen Leuten ist die Schweizer Para-Holding. Mit dem Namen Hanussen und unter Nennung von „Präsident Eisenhower", „Milliardär Onassis", dem „ersten germanischen Papst Johannes Paul II." und zahlreichen dankbaren Anwendern vertreibt er das „goldene Pendel", ein „persönliches Lebensbuch", seine eigenen Tagebücher, „persönliche Kalenderbotschaften", ein Amulett „Dracomagnet" und einen „magischen Ring", der unter anderem hilft bei: „zu wenig Geld, zu oft allein, Schmerzen, Angst, Problem im Beruf, Problem mit Partner, Problem mit Kindern" und darauf „persönlich eingestellt" wird. In einer Broschüre für den „magischen Ring" heißt es etwa:

> Hanussen verrät Ihnen heute, wie auch Sie zu jenen 777 Menschen gehören können, die mit seinem persönlichen Ring drohendes Unheil bezwingen und neu gewonnenes Glück behalten – sein Meditations-Ring offenbart Ihnen die letzten Geheimnisse der Parapsychologie.
> Mein Ring auf Ihrer Hand – und Sie können Ihr Glück gar nicht mehr stoppen!
> Endlich fühlen Sie sich wohl … rundum glücklich … können tief und ruhig schlafen, weil Kummer und Sorgen Sie nicht mehr quälen …
> Ja, auf diesen Tag habe ich mich gefreut, auf diesen Augenblick habe ich gewartet: Mein persönlicher Meditations-Ring auf Ihrem Finger! Jetzt endlich haben Sie und Ich etwas gemeinsam, das uns für alle Zeiten unzertrennlich macht: meinen Meditations-Ring, der Ihre und Meine Geheimnisse verbirgt!

Warum lassen sich Leute auf solche Geschäfte ein? Offensichtlich trifft das Angebot jene Sehnsüchte nach Glück, Geld und Gesundheit, die sich jeder wünscht, die aber nicht alle erreichen. Es mag dies eine kleinbürgerliche Idylle sein; aber sie ist zugeschnitten auf jene, die zu den *Verlierern der Wohl-*

standsgesellschaft gehören. Die NRK nimmt auch sie in den Blick und verheißt ihnen – teils an der Grenze zum Betrug – ein erfolgreiches Leben.

Die für die NRK auch allgemeiner geltende Botschaft lautet: *In den alltäglichen Dingen steckt das Geheimnis des Glücks. Medial begabte Menschen haben Zugang dazu und können es weitergeben.*

1.2 GESUNDHEIT

Genauso wichtig in der alltäglichen Lebensbewältigung wie das Glück ist die Gesundheit. Früher hat man verschiedenste Hausmittel verwendet, die zunehmend durch hochwirksame Produkte der Pharmaindustrie verdrängt wurden; dies nicht nur bei schweren Erkrankungen, sondern auch bei den kleinen alltäglichen Unpäßlichkeiten. Inzwischen wächst das Bewußtsein dafür, daß diese industriellen Gesundmacher oft durch beachtliche Nebenwirkungen gleichzeitig Krankmacher sind. Damit erfreuen sich Hausmittel verschiedenster Herkunft neuer Beliebtheit, man besinnt sich auf Kräuter-, Kneipp- und Fastenkuren und besucht auch wieder die altangesehenen Geistheiler und Pendler. Homöopathie und Akupunktur werden als wirksame Wege zur Heilung von Zivilisationserkrankungen im Anfangsstadium wie im chronischen Fall entdeckt. Was im Sinne der NRK noch mitschwingen kann, zeigt das folgende Beispiel.

Hausmedizin
(z. B. Schwedenkräuter-Extrakt von Fiat Lux)

Fiat Lux versteht sich als ein Orden, der Wege zum wahren Leben geht und aufzeigt; er wurde von einer Seherin in der Schweiz gegründet. Ein Hausmittel in seinem Bereich wird wie folgt beschrieben:

„Schwedenkräuter-Extrakt"[8]
ist ein Universalheilmittel, das sozusagen bei allen Krankheiten und Beschwerden angewandt werden kann ...
[Es folgen 71 Indikationen von „Angina" bis „Zittern der Glieder".]

25

Unsere 22-Schwedenkräuter-Mischung kann mit keiner auf dem Markt käuflichen verglichen werden. Sie enthält keinen gesundheitsschädlichen Kampfer. Die Kräuterzusammensetzung und Dosierung ist auf medialem Wege empfangen worden.

„So komplex das Problem, so einfach letztlich die Lösung, wenn man die wahre Ursache kennt." So lautet die Botschaft zum Produkt. Diese Wahrheit kann allerdings nur ergründen, wer mit dem Geheimnis des Lebens selbst in Verbindung steht. Deshalb ist vorliegende Rezeptur auch mit keiner anderen vergleichbar, weil „auf medialem Weg" empfangen. Wer das Mittel anwendet, wird heil von innen heraus. Denn in ihm entsteht eine Berührung mit dem Göttlichen, die ich mir durch Einreiben, Auftragen oder Einnehmen auf einfachem Weg selbst vermittle, so, wie es mir gut erscheint.

Heil werden – einfach, natürlich, auf göttlichen Wegen und doch selbstbestimmt. Das ist die Botschaft, mit der die Heilmittel der NRK vorgestellt werden.

1.3 Erfolg

Auf eine ganz andere Zielgruppe verweisen jene Programme, die dem Trend zum neuen, entspannten Erfolgsmenschen entsprechen. Sie werden als Kurse, Ton- und Videocassetten angeboten. Von der Musik „als Stimme der Seele" und der „kreativen Entspannung und Selbsterkenntnis mit Sternzeichen-Meditationen" bis zu Sprach-Lernprogrammen und Bewußtseins-Übungsreihen auf der Basis der „Hemisphären-Synchronisation" reicht die Auswahl. Mit ihnen wird jenseits herkömmlicher Wissensvermittlung und Lernanstrengung ein Weg aufgezeigt, ohne Mühe und Risiko erfolgreich zu sein. Dazu wieder ein Beispiel.

Entspannte Kreativität (z. B. „Hemisphären-Synchronisation")

Das Dynamis-Institut in Karlsruhe veranstaltet Seminare in Deutschland, der Schweiz und Österreich, am Gardasee und auf Teneriffa. Es gibt auch die „Kassetten-Reihe zur

Entfaltung von Energien und Bewußtsein" heraus, die in einer ausführlichen Broschüre folgendermaßen beschrieben wird:

Ziel dieser Übungsreihe ist es, die geistigen und körperlichen Möglichkeiten des Menschen zu entfalten und ihm die Freiheit zu geben, sich ganzheitlich im Leben so auszudrücken, wie er es möchte und wie es ihm entspricht. In den einzelnen Übungen wird der Zuhörer zunächst in einen Zustand tiefer Entspannung geführt, in welchem der Körper schläft, die Wahrnehmung aber wach bleibt und er in Kontakt treten kann mit den Fähigkeiten und Energien seiner tiefen Bewußtseinsebenen. Unterstützt wird dieser Prozeß mit der HEMI-SYNC-Tontechnik (Hemisphärische Synchronisation), die die beiden Gehirnhälften in der elektrischen Aktivität synchronisiert und damit Möglichkeiten schafft, einfach und leicht loszulassen und in einen veränderten Bewußtseinszustand zu gleiten.[9]

Wer diesen entspannten und gleichzeitig hundertprozentig präsenten Bewußtseinszustand willentlich jederzeit herbeiführen könne, verfüge damit über enorme Kräfte der Kreativität und des Geistes – die Quellen des Erfolges in Studium und Beruf. Erreicht wird dies angeblich durch Techniken zur Synchronisation der beiden Gehirnhälften, die für den kognitiven bzw. für den emotionalen Bewußtseinsbereich zuständig gesehen werden. Auf demselben Prinzip beruhen auch die diversen Super-Learning-Programme, von denen manche Hersteller wunderbare Lernerfolge im Schlaf und ohne Mühe versprechen. Möglich sei das deshalb, weil das menschliche Gehirn als ein einfach zu programmierender Computer anzusehen ist. Es speichert ungemein schnell und genau alles, was man ihm anbietet. Man muß dazu nur die Filter- und Hemmschwelle des Bewußtseins umgehen, was durch die angepriesenen Techniken geschehe.

Erfolg ist leicht zu haben, wenn man nur (angebliche) neueste wissenschaftliche Kenntnisse nutzt. Dazu müssen allerdings das Bewußtsein, der Gedanke und der Wille – Markenzeichen des Erfolgs in der aufgeklärten Moderne – ausgeschaltet und umgangen werden. So lautet eine Botschaft der NRK.

1.4 SCHICKSAL

Leid, Krankheit und Tod gehören zu den Tabuthemen einer modernen Gesellschaft, in der Jugendlichkeit und Erfolg zählen. Trotzdem kann man ihnen nicht ausweichen, man wird immer wieder bitter an sie erinnert. „Wie kann ein guter Gott das alles zulassen?" Für viele stellt sich bei solcher Gelegenheit die Gottesfrage. In den NRK kann man auch außerchristliche Antworten finden. Kennzeichnend für sie ist, daß die Lösung nicht im Horizont des Trostes, sondern der Tat gegeben wird. Nicht „Ertrag es in Geduld!", „Im Jenseits wird alles besser!" oder „Jesus hat noch mehr gelitten als du!" heißt die aus dem traditionell-kirchlichen Bereich erwartete Antwort. Sondern „Lerne verstehen!" und „Werde eigenverantwortlich für dein Schicksal!" heißt die Botschaft. Wieder soll das ein Beispiel zeigen.

Reinkarnationstherapie (Thorwald Dethlefsen)

Der Therapeut und Astrologe Thorwald Dethlefsen ist vor allem durch seine „Reinkarnationstherapie" zum Begriff geworden. Von ihr ist er inzwischen zwar wieder abgekommen, weiterhin betreibt er doch eine therapeutische Praxis und gibt in Kursen seine Erfahrungen mit esoterischer Weltdeutung im allgemeinen und astrologischer Psychologie im besonderen weiter. Neben mehreren anderen Werken sind vor allem die zwei Bücher, die diese Kursinhalte beschreiben, zu Bestsellern geworden: „Schicksal als Chance" und „Krankheit als Weg".

Dethlefsen möchte mit seinem esoterisch-therapeutischen Weg ein Lebensverständnis der Reifung vermitteln. Das Schicksal ist der Weg dazu: Der Mensch leidet, wenn er sich gegen das Reifwerden wehrt. Er wird frei, wenn er das erkennt und sich demütig unter dieses Lebensgesetz stellt. Das bedeutet jedoch nicht passives Erdulden, sondern die Bereitschaft, sein Leben selbst zu verantworten, statt alles Mißliche den Umständen zuzuschieben. Denn dieser Reifungsweg durchläuft viele Leben. Und was ich jetzt tue und lasse, ist Chance und Hypothek für den weiteren Weg. Er führt durch die polaren Gespaltenheiten der Wirklichkeit in die Einheit des Seins und darin zur Vollendung. Die Karma- und Reinkarnations-Vorstellungen sind ein tauglicher Deutungshorizont für dieses Konzept.

Bewußtes Leben sollte versuchen, immer mehr Karma einzulösen und abzutragen, ohne gleichzeitig neues Karma zu setzen. Der persönliche und der unpersönliche Aspekt der Schuld bilden jenen Umschlagpunkt, an dem Krankheit sich in Heilung wandelt ...
Wer bereit ist, die Verantwortung für sein Schicksal zu übernehmen, erlebt sich eingeordnet in die Gesetzmäßigkeiten dieses Universums und verliert alle Angst – weil er die Rückbindung an seinen Urgrund wiedergefunden hat. Allein diese Rückbindung ist der Inhalt wahrer religio. Erst aus dem Wissen um den Ursprung kann der Mensch sein Ziel erkennen. Das Ziel ist Vollkommenheit. Vollkommenheit ist Ausdruck der Einheit. Die Einheit nennen wir Gott.[10]

Schicksal wird hier mit Schuld zusammengebracht: Ich habe die Ursache meines Leidens selbst zu verantworten, weil es aus meiner Schuld erwächst, die ich im jetzigen oder einem vergangenen Leben begangen habe. Die Lösung heißt Verantwortung für sein Schicksal übernehmen und sich unter die Gesetzmäßigkeiten des Universums stellen.

„Laß dich nicht gehen, wenn es dir schlecht geht!" und „Schieb nicht die Schuld auf andere oder die Umstände!", sondern „Erkenne die Regeln des göttlichen Lebens und lerne, aus ihnen das beste für dich zu machen!" – So lautet eine weitere Botschaft der NRK.

Schauen wir die Grundmuster nochmals zusammen, die den Lebenshilfe-Sektor prägen, dann hat sich gezeigt:
1. Die Sorgen und Probleme des Lebens machen auch dem modernen Menschen so zu schaffen, daß er Hilfe braucht.
2. Er sucht sie nicht mehr nur oder vornehmlich in der Familie oder bei gesellschaftlichen oder kirchlichen Institutionen, sondern im Bereich der NRK.
3. Diese bieten Lösungen an, die von unterschiedlichen Zielgruppen jeweils als nach heutigem Verständnis brauchbar angesehen werden.

4. Es wird die Eigeninitiative gefördert, gleichzeitig aber das Göttliche als tragender Grund und Sicherheitsgarantie erkannt.

2. Verheißung

Der Bereich der Lebenshilfe legt die Lösung der alltäglichen Probleme in die Hand des Individuums. Sein Mut zur Gestaltung und Verantwortung wird jedoch durch die allgegenwärtigen Krisenerfahrungen und Bedrohungen massiv in Frage gestellt. Wie kann ich Krankheit und Leid menschlich durchleben, wenn mich eine technisierte Medizin wie eine defekte Maschine behandelt? Wie kann ich überhaupt gesund leben, wenn Umweltverschmutzung, Arbeitsstreß und Sinnleere mein Leben bedrohen? Ist persönliche Anstrengung überhaupt noch zielführend oder wird sie nicht durch widrige Umstände ohnedies zunichte gemacht?

Wen solche Fragen bedrängen, der kann sich mit Aufmunterungen und Anregungen zur eigenverantwortlichen Lebensgestaltung nicht zufriedengeben. Sie muß hoffen dürfen, daß ihr Engagement letztlich Sinn macht, auch wenn es über lange Durststrecken hinweg nicht so scheinen mag. Wer sich durch die Sach- und Systemzwänge bedroht sieht, möchte sein Leben in einem Verheißungshorizont verankern, der tiefer trägt und weiter führt. Das Christliche, so wie es kirchliche Verkündigung meist präsentiert, hat dafür zu wenig Problembewußtsein und visionäre Kraft.

In den NRK beobachten wir verschiedene Verheißungsdimensionen:

1. *„New Age"* als die Verheißung, daß die kosmischen Konstellationen (astrologisch gedeutet) uns ein neues Zeitalter des Friedens und der Freude bescheren werden.

2. Der *„Kosmische Christus"* als jene christliche Heilshoffnung, die die Kirchen im Zuge des New Age als ihre ureigenste erst zu entdecken anfangen.

3. Eine globale *„Bewußtseinsevolution"* als Frucht vielfältiger individueller Anstrengungen, um das Religiöse und

Transzendente als Tiefendimension des Menschen zu entdek-
ken und zu entwickeln.

4. Ein *„Paradigmenwechsel"* im Umgang mit der Welt, die
diese nicht mehr als Maschine, sondern als Organismus behandelt und damit zu einem globalen Prozeß der Befriedung
des Menschen mit sich selbst und seinen Lebensbedingungen
führt.

5. Ein *„Schöpfungsbewußtsein"* als sich anbahnende Erkenntnis, daß es dem Menschen zum Heil gereicht, sich
demütig in die gottgewollten Spielregeln der Schöpfung zu
fügen, wie sie in der Natur sichtbar werden.

Allen diesen Verheißungsdimensionen gemeinsam und
kennzeichnend für die NRK sind dabei folgende Überzeu-
gungen:

- Erstens werde in allen Krisenerfahrungen sichtbar, daß
  wir an einer Zeitenwende leben. Sie enthält nicht nur Bedrohungen, sondern auch große Chancen, weil in ihr das
  Alte überwunden wird und Neues aufkommt.
- Zweitens sei diese aufkommende neue Zeit von einem
  großen Vertrauen in die Grundsätze der Natur und die
  Spielregeln der Schöpfung geprägt. Die Krisen und Bedrohungen der Moderne sind Folgen ihrer Mißachtung.
- Drittens seien die NRK quer zu kirchlichen und nicht-
  kirchlichen Bewegungen jener Ort, wo ein Bewußtsein für
  diese neue Zeit aufkommt und ihr Heranreifen nach Kräften gefördert wird. Wer immer sie entdeckt und sich zu
  eigen macht, könne sich daran beteiligen.
- Viertens bestehe kein Zweifel, daß sich dieser neue Geist
  durchsetzen wird, notfalls in einer „nachmenschlichen
  Ära" der Weltgeschichte, sofern die Menschheit es so weit
  bringt, sich selbst oder ihre Lebensgrundlagen restlos aus-
  zurotten.

Wie diese Verheißungen, die teilweise verschiedene Menschen ansprechen und unterschiedliche Strömungen inspirie-
ren, näher aussehen, soll wieder an einigen Beispielen gezeigt
werden.

„New Age"

Das prägende Kultbuch der amerikanischen Szene, das ein Jahrzehnt später auch in Europa Bedeutung fand, stammt von der Wissenschaftsjournalistin *Marilyn Ferguson*. Sie beschäftigte sich mit Gehirn- und Bewußtseinsforschung und entdeckte dabei ein Phänomen, das sie als „Die sanfte Verschwörung" beschrieb. Sie vermutete eine historische Entwicklung, die in den sozialen und gesellschaftsalternativen Strömungen der späten 60er/frühen 70er Jahre in den USA einen Ausdruck gefunden hätte.

> Ein führerloses, aber dennoch kraftvolles Netzwerk arbeitet, um in dieser Welt eine radikale Veränderung herbeizuführen. Seine Mitglieder haben sich von gewissen Grundkonzeptionen westlichen Denkens losgesagt und dabei möglicherweise sogar die Kontinuität der Geschichte unterbrochen ...
> Weitreichender als Reformen, tiefgehender als eine Revolution hat diese beginnende Verschwörung im Hinblick auf eine neue Epoche der Menschheit die schnellste kulturelle Neuorientierung der Geschichte ausgelöst. Bei dem großen, erdbebenartigen, unwiderruflichen Umschwung, der auf uns zukommt, handelt es sich weder um ein neues politisches noch um ein religiöses oder philosophisches System. Es handelt sich um einen neuen Geist – eine aufsehenerregende, neue Sicht der Welt nimmt ihren Anfang, die bahnbrechende Erkenntnisse der Wissenschaft und Einsichten ältesten menschlichen Gedankengutes umfaßt.[11]

Die zentrale Botschaft, mit der das eher mühsam zu lesende Kultbuch seine Leser faszinierte, ist: *Es gibt eine Bewegung, von einem neuen Geist geprägt, die die Weltentwicklung zum Guten führen wird.*

Wer sich über die Theorie dieses „New Age" („neues Zeitalter") umfassender und tiefgründiger informieren möchte, findet das in den Werken von *Sir George Trevelyan*. Der 1906 geborene nordenglische Adelige gilt als Wegbereiter der New-Age-Szene und als ihr großer Vordenker. Auch er sieht eine neue Zeit anbrechen: Wir stehen an den Ufern einer erneuerten Welt. Diese ist geprägt durch die Gedanken eines esoterisch verstandenen Christentums. Es setzt sich gegen

Krisen durch, und es ist nicht sicher, ob die Menschheit diese überleben wird.

Jeder kann zur Geburt des Neuen Zeitalters beitragen. Jedes menschliche Wesen und jede Gruppe sind potentiell ein Wirbelpunkt, durch den spirituelle Qualitäten fließen können. Hierbei sind Zahlen völlig belanglos. Ein kleiner Riß im Damm kann eine Überschwemmung verursachen. Eine kleine Gruppe kann Energien kanalisieren, die, einmal freigelassen, ihren eigenen Lauf nehmen, insofern sie mit Intelligenz, Leben und Liebe erfüllt sind. Unsere Aufgabe ist es, uns als Kanal zur Verfügung zu stellen, die höheren Energien anzurufen und Dank zu sagen.[12]

Trevelyans großes Grundlagenwerk „Eine Vision des Wassermann-Zeitalters. Gesetze und Hintergründe des New Age" ist von der begeisterten Idee beseelt, wir erlebten im New Age den Umbruch zu einer ganz neuen Zeit. In „Unternehmen Erlösung" geht er zum Optimismus dieser Bewegung merklich auf Distanz: Auch sie könne in die Irre gehen. Was wir gegenwärtig erlebten, sei das apokalyptische Abenteuer einer Reinigung der Welt. Sie ereigne sich im Kosmischen Christus und könne möglicherweise durch eine atomare Katastrophe hindurch geschehen.

Worauf es jetzt ankommt, ist, daß ein jeder von uns das volle Ausmaß des uns möglicherweise Bevorstehenden zu Ende denkt. Wie schwer diese Ereignisse uns treffen werden, hängt einzig von dem Grad der menschlichen Zusammenarbeit mit den die Veränderungen bewirkenden Kräften ab. Deren Macht und Handeln mag uns durchaus unbarmherzig erscheinen, denn die Erde muß gesäubert werden. Es ist lebenswichtig, daß wir uns emporrecken und das geistige Weltbild erfassen, in der tiefen Gewißheit, daß Gott weiß, was er tut, wenn er zuläßt, daß die Menschheit sich dem Bösen und der Gewalt hingibt. Er wartet auf unser Erwachen, und Seine zeitliche Abstimmung ist vollkommen.
Die mystische Wahrheit wird im Neuen Testament ausgedrückt: „Nicht ihr habt mich erwählt, sondern ich habe euch erwählt" (Joh 15,16). „Lasset uns Ihn lieben, denn Er hat uns zuerst geliebt" (1 Joh 4,19). Denn die Wirklichkeit ist dynamisch, sie bewegt sich auf uns zu, wie wir uns auf sie zu bewegen.[13]

Ein apokalyptisches Strafgericht Gottes prophezeit auch *Basilea Schlink* – mit einer teilweise fast wortgleichen Zeitanalyse. Allerdings ist es bei ihr gegen das teuflische New Age gerichtet, von dem Gott die Welt reinigen wird.[14] Krisenbewußtsein, Weltvernichtungsängste und paradiesische Heilshoffnungen sind vergleichbar, im Falle Trevelyans sogar eine biblisch verheißene christliche Erlösung. Während jedoch Schlink kirchenkonservativ das New Age verteufelt, verknüpft Trevelyan dieses esoterisch mit dem kosmischen Christus. Schon diese Beobachtung läßt erahnen, welch schwierige Unterscheidungen den christlichen Kirchen abverlangt sind – was uns später noch beschäftigen wird.

In all den modernen – möglicherweise sogar katastrophalen – Krisen bricht eine Neue Zeit an, und sie wird eine gute Zeit sein. Das ist der erste Aspekt der Verheißung in den NRK.

Kosmischer Christus

Der frühere Jesuit *Günther Schiwy* hält diese Entdeckung des Kosmischen Christus für das bestimmende Merkmal des New Age. In manchen Grundgedanken erkennt der Teilhard-de-Chardin-Biograph den großen kirchlichen Naturwissenschafter und Mystiker Teilhard wieder. Er wird, ebenso wie manche kirchliche Heilige, häufig im New Age zitiert – wenn auch unzulässig selektiv, wie Josef Sudbrack nachgewiesen hat[15] und was Schiwy nicht leugnet. Aufsehen in dieser Hinsicht hat Schiwy mit der Conclusio in seinem Buch „Der Geist des Neuen Zeitalters. New-Age-Spiritualität und Christentum" erregt:

> So steht nichts im Wege, daß es zu einer von Sympathie getragenen Zusammenarbeit zwischen Christen und New-Age-Anhängern kommt, ja daß Christen New-Age-Anhänger und New-Age-Anhänger Christen werden, was Kritik aneinander und Selbstkritik nicht ausschließt, sondern erst eigentlich ermöglicht. Da einige hervorragende Christen, wie wir gezeigt haben, zu den Vorläufern und Vordenkern der New-Age-Spiritualität zählen, ist der Geist des Neuen Zeitalters dem Christen nicht fremd, sondern letztlich vertraut; er sollte sich für ihn vielleicht

sogar verantwortlich fühlen. Die Geister unterscheiden, die falschen Propheten und Scharlatane entlarven: das ist die Aufgabe, die sich überall stellt, wo Ideen eine Rolle spielen. Doch nie zuvor in der Menschheitsgeschichte scheint es so notwendig gewesen zu sein wie heute – angesichts der die Existenz der Menschheit bedrohenden Vernichtungsenergien und -techniken –, daß alle Menschen guten Willens zusammenwirken, sich dem Geist des Neuen Zeitalters öffnen, sich verschwören, wie es Marilyn Ferguson beschrieben hat …

Aufgrund der Zusammenhänge und Parallelen, die wir aufgezeigt haben, drängt sich der Schluß auf: Der Geist des Neuen Zeitalters ist der Geist Gottes. Das läßt hoffen und fordert uns auf, an der „sanften Verschwörung" mitzuwirken.[16]

Dieser vielzitierte letzte Gedanke seines Buches hat den Nachdenkprozeß in den Kirchen des deutschen Sprachraums verschärft, aber auch so manche kirchliche Kritiker auf den Plan gerufen. Sie werfen Schiwy – um mit Hans-Jürgen Ruppert zu sprechen – eine „voreilige Heiligsprechung des New Age" vor. Den Grund seiner Faszination – über die Verbundenheit mit Teilhard de Chardin hinaus – hat Schiwy in seinem autobiographisch geprägten Werk über den Kosmischen Christus dargelegt:

Die Spuren des Kosmischen Christus faszinieren mich deshalb besonders, weil sie für mich Gottes Spuren in ein Neues Zeitalter sind. In diesem Neuen Zeitalter wird die „Ehrfurcht vor dem Leben" (Albert Schweitzer) im Kosmos, der als von göttlichen Energien erfüllter Organismus verstanden wird, unser Handeln bestimmen müssen, oder es wird kein neues Zeitalter mehr geben.[17]

Eine religionenverbindende Perspektive mit gleichem Ansatz wählt *Raimundo Panikkar*, emeritierter Professor für vergleichende Religionsphilosophie und Religionswissenschaft der Universität Kalifornien. Als Sohn eines Inders und einer Spanierin der christlichen wie der indischen Glaubenstradition verbunden, ist er einer der bedeutendsten interreligiösen Mystiker wie Wissenschafter. Panikkar hält das Christentum für eine wichtige religiöse Tradition, die sich auf dem Weg ins dritte Jahrtausend jedoch erneut als wandlungsfähig erweisen muß. Sein eigenes Bekenntnis gilt dabei einem kosmotheandrischen Christus, in dem er westliche Logosbezogenheit und hinduistische Mythoserfahrung vereint sieht – ein Beitrag der Religion für eine friedliche Welt.

> Ich will versuchen, meine Interpretation Christi in der *theanthropokosmischen* Vision darzulegen ... Das Mysterium, das am Anfang steht und am Ende sein wird, das Alpha und Omega, durch das alles ins Sein tritt, das Licht, das alle Kreatur erleuchtet, das Wort, das in jedem authentischen Wort enthalten ist, die Wirklichkeit, die ganz materiell, vollständig menschlich und einfach göttlich ist, die überall am Werk und unerreichbar präsent ist, wo immer Wirklichkeit vorhanden ist, der Treffpunkt am Wegkreuz der Wirklichkeit, wo alle Reiche zusammenkommen, das, was nicht mit Fanfaren kommt und von dem man nicht glauben soll, es sei hier oder dort, das, von dem wir nicht wissen, wenn wir eine gute oder böse Handlung vollbringen, und dennoch ist es „da", das, was wir sind – und sein sollen – und was wir waren, dieses Symbol aller Wirklichkeit, nicht nur, wie sie war oder ist, sondern auch, wie sie noch immer in Freiheit sein wird, auch durch unser Mitwirken, das, so glaube ich, ist Christus. Wenn jemand sagt, daß dieses Symbol zu weit und universal sei, werde ich ihm antworten: Wenn man die Beschneidung des Leibes abgelöst hat, warum sollen wir dann nicht die Beschneidung des Geistes überwinden?
> Und ich bestehe darauf, daß ich mit einem solchen Christusbild dem Skandalon der Inkarnation und dem Prozeß der Erlösung nicht entfliehe. Ich ignoriere nicht diese historischen Tatsachen. Es ist einfach nur das, daß ich die Geschichte nicht als Gott verehre und die Wirklichkeit nicht auf die Geschichte begrenze – nicht einmal die menschliche Wirklichkeit – noch die Geschichte auf ihre abrahamitische Linie. Genau wie die traditionelle Theologie von einer *creatio continua* spricht, könnten wir uns in Analogie eine kontinuierliche Inkarnation vorstellen, nicht nur im Fleisch, sondern auch in den Handlungen und Ereignissen aller Kreatur. Jedes Wesen ist eine *Christophanie*.[18]

Bei Panikkar wird das sichtbar, was sich ebenso an den katholischen Patres David Steindl-Rast, Bede Griffiths oder Hugo Enomiya-Lassalle zeigen ließe: Das Eintauchen in die Weisheit östlicher Spiritualität eröffnet jene mystischen Di-

mensionen im Christentum, die im Zuge westlich aufgeklärter Rationalität teilweise aus dem Blick geraten sind.

*Es ließ sich an diesen Beispielen zeigen: Die NRK legitimieren
ihre Weltdeutung im Kontext großer religiöser Traditionen und
führen sie dann weiter. Oder sie wollen umgekehrt die Weltreligionen im Kontext der NRK einander näher bringen. Dabei steht
die mystische Gottes- oder Transzendenzerfahrung im Mittelpunkt
des Interesses.* – Das ist der zweite Aspekt der Verheißung in
den NRK.

Bewußtseinsevolution

Was Theologen und Esoteriker im Rahmen der NRK
versuchen, nämlich die Deutungstraditionen verschiedener
Religionen einander über die Mystik anzunähern, unternehmen auch Psychologen für ihren Bereich. Als exakte Wissenschafter wußten sie sich der Rationalität verpflichtet und
erachteten das Religiöse als das „Irrationale". Angeregt durch
esoterisches Gedankengut entdecken manche das Religiöse
als Tiefendimension des menschlichen Wesens.

Als erster ist in diesem Zusammenhang *Stanislav Grof* zu
nennen. Der aus Prag stammende Psychiater hat jahrzehntelang mit psychedelischen (bewußtseinserweiternden) Drogen
gearbeitet, ab 1967 in den USA. Seine Forschungen kreisen um
die Erlebnisse des Geburtsvorganges, von denen er annimmt,
daß sie als „perinatale Grundmatrizen" das alltägliche
Bewußtsein des Menschen und seine Krankheitszustände
wesentlich bestimmen. Über außergewöhnliche Bewußtseinszustände könne man sie aufdecken und zur Therapie führen.
Wachsende Widerstände gegen den Gebrauch von Drogen
bewogen Grof dazu, in seiner „holotropen Therapie" auf
andere Techniken der Bewußtseinserweiterung zu setzen, vor
allem Hyperventilation, Musiktherapie und Körperarbeit,
aber auch auf den Umgang mit religiösen Erfahrungsebenen,
etwa im Mandala-Zeichnen. Dabei kam er zu der Überzeugung, daß man mit dieser Therapie nicht nur psychische
Störungen heilen, sondern auch Menschen zu mystischen und
religiösen Erfahrungen führen kann. Das verändert nachhal-

tig die Lebensqualität des Menschen und fördert gleichzeitig die Durchsetzung des neuen Paradigmas.

Es gibt zahlreiche Hinweise darauf, daß der transzendente Impuls die wichtigste und mächtigste Kraft im Menschen ist. Das systematische Leugnen und Verdrängen der Spiritualität, das für die modernen westlichen Gesellschaften so charakteristisch ist, kann sich als ein kritischer Faktor erweisen, der zu Entfremdung, Existenzangst, zu psychopathologischen Erscheinungen beim einzelnen Menschen und der Gesellschaft, zu Kriminalität, Gewalttätigkeit und selbstzerstörerischen Tendenzen der heutigen Menschheit beiträgt. Aus diesem Grund ist das in letzter Zeit gestiegene Interesse an verschiedenen Formen der Selbsterforschung, die unmittelbare spirituelle Erfahrungen vermitteln können, ein sehr ermutigender Trend und eine Entwicklung von potentiell großer Bedeutung.[19]

Grof entdeckt damit als Psychologe eine neue Qualität der Religion: Religiöse Erfahrungen sind nicht pathologische Erscheinungen, also Auswüchse einer kranken Seele. Im Gegenteil ist das Religiöse etwas zutiefst Menschliches, dessen Fehlen zur Krankheit des einzelnen und der Gesellschaft führt.

In diesem Zusammenhang ist *Ken Wilber*, einer der bedeutendsten Vordenker der NRK, zu nennen. Auf dem Boden einer esoterischen Weltanschauung und gestützt auf den Ansatz von Jean Gebser entwickelt er eine Theorie der Bewußtseinsevolution. Ihr zufolge ist der Mensch im paradiesischen Sündenfall nicht gefallen. Im Gegenteil: Er erkannte, daß er mehr ist als ein Tier, weil er Gut und Böse zu unterscheiden vermag. Diese Fähigkeit ist sein Anteil am Göttlichen, den er aber nicht auszufüllen vermag. Das macht sein Elend aus: das Leiden an der Beschränktheit seiner Einsicht, so daß das gute Wollen immer auch Böses mitbewirkt. Aber der Mensch hat wenigstens die Chance, sich auf den Himmel zuzuentwickeln. Einzelne können darin hohe Stufen erreichen. Die Menschheit als ganze steht, so Wilbers Einschätzung aufgrund entwicklungspsychologischer und soziologischer Theorien, in diesem Prozeß erst in der Halbzeit.

Was ich hier sagen will, ist, daß an der Meditation überhaupt nichts Okkultes oder Spukhaftes, geschweige denn psychisch Krankhaftes ist. Meditation ist einfach das, was ein Individuum im gegenwärtigen Stadium des Durchschnittsbewußtseins tun muß, wenn es sich über dieses Stadium hinaus entwickeln will. Es ist eine einfache und natürliche Fortsetzung evolutionärer Transzendenz: So wie der Körper die Materie transzendiert und der Geist den Körper, so transzendiert die Seele bei der Meditation den Geist, und dann transzendiert der Geist die Seele ... Wenn ich mich auch durch die Morgenröte des „Neuen Zeitalters" ermutigt fühle, so möchte ich doch mit einer nüchternen Bewertung schließen. Wir befinden uns nirgendwo nahe dem Goldenen Zeitalter. Am gegenwärtigen Punkt der Geschichte würde eine radikale, durchdringende und die Welt erschütternde Transformation schon darin bestehen, wenn jedermann zu einem *wahrhaftig* reifen, rationalen und verantwortungsbewußten *Ego* evolvieren würde, einem Ego, das imstande wäre, frei am offenen Austausch gegenseitiger Achtung teilzunehmen. *Dort* ist heute die „vorderste Front" der Geschichte, *damit* würden wir ein *wirkliches* „Neues Zeitalter" erleben. Wir sind dem Stadium „jenseits der Vernunft" noch nirgendwo nahe, einfach weil wir der universalen Verwirklichung der Vernunft noch nirgendwo nahe sind.[20]

Bemerkenswert ist bei Wilber, daß er philosophische, psychologische, soziologische und religiöse Ansätze nüchtern zusammendenken und differenzieren kann. Wiewohl dabei, was die Religion angeht, seine Nähe zum Hinduismus evident ist, sieht er dennoch für die westliche Welt realistisch die religiöse Verantwortung auf seiten der christlichen Kirchen. Und obwohl er selbst die Meditation als wesentlich und notwendig erkennt, redet er der Vernunft im alltäglichen Handeln das Wort.

Der religiösen Erfahrung einen Stellenwert innerhalb des psychologischen Denkens vom Menschen zu eröffnen, ist eine dritte wichtige Dimension in der Verheißung der NRK.

Ähnliches gilt für die naturwissenschaftliche Weltdeutung. Hochspezialisierte Wissenschafter aus Teildisziplinen der Biologie, der Chemie und der Physik kommen über ihre Forschungen zu dem Schluß, daß sie das Prinzip des Lebens bisher unzulässig aus ihren Überlegungen ausgeklammert haben. Diese Erkenntnis läßt sie religiöses Denken in ihr Weltverständnis einbeziehen.

Zu nennen ist erstens *Fritjof Capra*, Wiener Promovend in Theoretischer Physik, der mit „Wendezeit" das zweite Kultbuch der Szene (neben Fergusons „Sanfter Verschwörung") schrieb. Seit geraumer Zeit widmet er sich, im Anschluß an eine Art Berufungserlebnis an der Küste Kaliforniens, einer Synthese von Naturwissenschaft, Philosophie und Religion und ihren gesellschaftlichen Konsequenzen. Capra konstatiert einen „Paradigmenwechsel", also eine Umstellung der Weltwahrnehmung und des Handlungsstils weg von einem „mechanistischen", hin zu einem „tiefenökologischen" Weltbild:

> Die Umwälzung, in der wir uns heute befinden, könnte weitaus dramatischer werden als alle vorangegangenen, weil das Tempo des Wandels heute schneller ist denn je zuvor, weil die Veränderungen heute umfassender ausfallen und den ganzen Erdball betreffen, und weil mehrere größere Umwälzungen zeitlich zusammenfallen. Die rhythmischen Wiederholungen und Muster von Aufstieg und Niedergang, welche die menschliche kulturelle Evolution zu bestimmen scheinen, haben sich irgendwie verschworen, ihren jeweiligen Umkehrpunkt gleichzeitig zu erreichen. Der Niedergang des Patriarchats, das Ende des Zeitalters der fossilen Brennstoffe und der Paradigmenwechsel, der jetzt in der Abenddämmerung der auf Sinneswahrnehmung bauenden Kultur stattfindet, tragen zum gleichen globalen Prozeß bei. Deshalb ist unsere heutige Krise nicht einfach eine Krise der Individuen, Regierungen oder gesellschaftlichen Institutionen; es handelt sich vielmehr um einen Übergang von weltweiten Dimensionen, eine Wendezeit für Individuen, für unsere Gesellschaft und Zivilisation, und für das planetare Ökosystem.[21]

In den letzten Jahren hat sich Capra, gefördert nicht zuletzt durch die Geburt seiner Tochter, wieder verstärkt christlichen Traditionen zugewendet. Ein interessantes Dokument dafür ist das interdisziplinäre Gespräch über einen Paradigmenwechsel in der Theologie, das er mit Pater David Steindl-Rast führte.[22]

Als zweites Beispiel soll der britische Biologe *Rupert Sheldrake* genannt werden, der sich in der Pflanzenphysiologie einen wissenschaftlichen Namen gemacht hat. Er war in den 60er Jahren Mitglied einer Gruppe von Wissenschaftern, die sich „Epiphania-Philosophen" nannten und sich mit Grenzgebieten zwischen Wissenschaft, Philosophie und Religion beschäftigten. In dieser Denklinie entstand bei einem eineinhalbjährigen Aufenthalt im christlichen Shantivanam-Ashram des Dom Bede Griffiths der erste Entwurf zu seinem Buch „Das schöpferische Universum".

Die Hypothese, die mit diesem Buch aufgestellt wird, beruht auf der Vorstellung, daß morphogenetische Felder in der Tat physikalische Effekte haben. Sie besagt weiter, daß spezifische morphogenetische Felder für die charakteristische Form und Organisation von Systemen auf allen Ebenen unterschiedlicher Komplexität zuständig sind, und dies nicht allein im biologischen Bereich, sondern auch in den Bereichen der Chemie und Physik. Diese Felder ordnen die Systeme, mit denen sie verbunden sind, indem sie auf Ereignisse einwirken, die energetisch gesehen, als indeterminiert oder wahrscheinlichkeitsbedingt erscheinen; sie legen den potentiell möglichen Ergebnissen physikalischer Prozesse bestimmte „Beschränkungsmuster" auf ...
Die morphogenetischen Felder aller vergangenen Systeme werden für jedes folgende System *gegenwärtig*, die Strukturen vergangener Systeme wirken auf folgende ähnliche Systeme durch einen sich verstärkenden Einfluß, der über Raum *und* Zeit hinaus wirksam ist.[23]

Sheldrake belegt diese Theorie an Ratten: Hat eine erste Versuchsgruppe ein Experiment einmal gelernt, so lernt eine zweite Gruppe es schneller – auch an einem weit entfernten Ort ohne jeglichen Kontakt untereinander. Die Erfahrungen sind offensichtlich in einem gemeinsamen morphogenetischen Feld gespeichert, das über Raum und Zeit besteht. Damit wäre dann, wie Sheldrake in Alpbach erläuterte, das mechanistische Paradigma durch ein „organisches" abzulösen: Das Universum ist nichts Statisch-Ewiges, das immer nach den gleichen Naturgesetzen funktioniert wie eine Maschine. Vielmehr müsse man es als einen lebendigen Organismus betrachten, der sich weiterentwickelt. Was wir als Naturgesetze kennen, sind seine gegenwärtigen, aber im Laufe der Zeit sich ändernden Gewohnheiten.

In seinem neuesten Buch „Die Wiedergeburt der Natur" spannt Sheldrake einen weiten Bogen über seine naturwissenschaftlichen Erkenntnisse und seine religiösen Einsichten. Er greift auf intuitive Kindheitserfahrungen zurück und plädiert für einen neuen Animismus: Laßt uns die Natur, ihre Orte und ihre Zeiten als heilig wiederentdecken und dafür dankbar sein.

Moderne Naturwissenschafter versuchen im Kontakt mit christlichen und hinduistischen Traditionen, die religiöse Dimension in eine naturwissenschaftliche Weltbetrachtung zu reintegrieren – eine vierte Leistung der NRK.

Schöpfungsbewußtsein

Solche naturwissenschaftlichen Überlegungen sind es auch, die auf dem Weg der Kybernetik und der Systemtheorie zu vernetztem Denken und Handeln nicht nur in der Wissenschaft, sondern auch in Politik und Wirtschaft auffordern. „Small is beautiful" ist dabei zum Leitwort geworden. In seinem vielbeachteten Werk hat J. Schumacher vor fast 20 Jahren den Gedanken des kürzlich verstorbenen Leopold Khor niedergelegt: Wir brauchen einen Primat des Lebens vor der Technik, des Menschlichen vor dem Produktiven, der Natur vor dem Geld – eine bis heute unverwirklichte Forderung.

Der Mensch als Konsummaschine, der seinen Geist dazu benutzt, trotz immer geringerem Einsatz seiner Arbeitskraft zu einem stetig gesteigerten Verbrauch zu kommen, hat keine Zukunft. Das Ziel der unendlichen Automatisierung, wodurch es dem Menschen erlaubt sein soll, das Schwergewicht seiner

Existenz von schöpferischer Arbeit auf „Freizeitgestaltung" zu verlegen, ist kein lebensfähiges Ziel.

Was sind die lebenserhaltenden Kräfte? Nächstenliebe und Gottvertrauen; eine Tapferkeit, die dem materiellen Wohl und Wehe mit einer gewissen Gelassenheit gegenübersteht; eine Großmut und Großherzigkeit, die der Kalkulation des eigenen Vorteils nur einen sehr bescheidenen Platz einräumt; vor allem aber ein den Menschen nie verlassendes Bewußtsein, daß er sich nicht selbst gemacht hat und daß er in einer Welt lebt, die er auch nicht gemacht hat und die ihn auf allen Seiten und zu allen Zeiten mit Wundern umgibt, die seine Fassungskraft um ein Unendliches übersteigen.[24]

Schöpfungsbewußtsein, Demut und die Verantwortung für eine menschen- und damit naturgerechte Welt werden hier als Anliegen sichtbar. Einer Konsummentalität, beziehe sie sich auf materiellen Wohlstand oder Freizeitgenuß, wird eine strikte Absage erteilt. Ökologisches Bewußtsein und Verhalten beachtet vor allem das rechte Maß; denn nur das Kleine, Überblickbare, Detailreiche, Gewachsene sei schön und menschlich.

Wie sehr sich die Bewahrung der Schöpfung und der Einsatz für Gerechtigkeit gegenseitig bedingen, lassen neuere Entwicklungen in der Befreiungstheologie erkennen. Auch bei *Leonardo Boff* klingt die Verheißungswelt der NRK an:

Die Theologie der Befreiung will Klarheit darüber schaffen, wie ein gesundes Gemeinwesen auszusehen habe. Von dorther schätzt sie die Macht ein, wie sie in Wissenschaft und Technologie zum Ausdruck kommt. Doch gerade diese Macht stellt sich heute als ausgesprochen problematisch dar. Denn sie wird ausgeübt innerhalb eines kapitalistischen Projektes, das eine schlechte Lebensqualität produziert; und zwar sowohl in der sogenannten Ersten Welt als auch in der Zwei-Drittel-Welt der Armen …

Wir erleben heute einen neuen Advent des Religiösen. Religion verbirgt sich nicht mehr. Sie schämt sich nicht mehr, als Religion und Mystik aufzutreten. Mit dieser Feststellung fallen wir aber nicht in die vor-moderne und agrarische Welt zurück. Wir benennen nur den Anbruch einer neuen Zeit – nach der Neuzeit. Es beginnt eine Zeit, in der alle Dimensionen des Menschen und des Kosmos integriert sind in einer lebendigen, sich wandelnden, organischen, spirituellen und mystischen Gesamtheit ... Religion und Mystik bezeugen die andere Seite von Schöpfung und Natur: die Gegenwart der Gottheit. Die Gottheit wohnt nicht außerhalb des Ganzen. Sie gehört dazu, ist seine andere Seite, sein Geheimnis und seine verborgene Wurzel. Dies immer wieder zu sagen, in tausend verschiedenen Sprachen, in den kulturellen Mustern jeder Zeit, das ist das Ewige der Religion. Und dies zu erleben in Einklang mit den Erfahrungen aller anderen und mit allem, was existiert, das ist das Humanisierende und Befreiende des Religiösen.[25]

In diesem Sinn hat der Ökumenische Rat der Kirchen jenen „Konziliaren Prozeß für Frieden, Gerechtigkeit und Bewahrung der Schöpfung" initiiert, der vielfältige kirchliche Initiativen vernetzten Handelns motiviert hat.

Fünftens fordern damit die NRK eine dem Menschen wie der Natur zuträgliche Kulturentwicklung, die religiös motiviert, naturwissenschaftlich präzisiert und politisch realisiert wird.

Schauen wir die Verheißungen der NRK zusammen, so hat sich ergeben:

1. Es gibt in modernen Gesellschaften ein wachsendes Bewußtsein für die krisenhaften Folgewirkungen der modernen Lebensweise, die alle individuellen Anstrengungen überlagern und zunichte machen.

2. Dieser Situation wird mit unterschiedlichen Haltungen begegnet: hedonistische Ignoranz und Diffamierung der Warner als Miesmacher, Verdrängung mit phasenweise bis zur Verzweiflung gehender Weltuntergangsstimmung, Suche nach Hoffnungsquellen und Verheißungen.

3. Alle Träger der Moderne – Wissenschaft, Wirtschaft, Politik – scheiden vorerst als Hoffnungsträger aus, da sie die Verursacher der Misere waren und weiterhin sind. Die Religionen sind dazu von jeher prädestiniert, sofern sie die Ansätze und Ambivalenzen der Moderne so verstanden und durchlebt haben, daß sie ihre alten Verheißungen in sie hinein vermitteln können. Das gelingt ansatzweise in den NRK.

4. Die große Stärke der NRK liegt darin, alte religiöse Verheißungen und modernes wissenschaftliches Denken konstruktiv zu verknüpfen. Sie geben damit Hoffnung, Perspektiven und Vision in den Krisenerfahrungen der Moderne.

3. Erbauung

Hilfe im alltäglichen Leben und die Verheißung, daß alles gut werden wird, sind die zwei Grunddimensionen der NRK, die wir bisher betrachtet haben. Eine dritte – wir wollen sie „Erbauung" nennen – kommt hinzu. Die Zeit, bis sich die Verheißung spürbar erfüllt, kann lange werden. Man kann sie nicht nur damit verbringen, seinen eigenen anstrengenden Beitrag zu leisten. Es braucht auch das entspannend-heitere Sich-Einfühlen in das Lebensgefühl dieser besseren Welt. In der christlichen Tradition ist das der Sonntag: Wir feiern, daß der Himmel nicht nur die Sehnsucht ist, auf die wir zuleben, und die Verheißung, für deren Wirklichwerden wir verantwortlich sind. Der Himmel und seine erlöste Freude sind bereits unter uns lebendig und real, weil sie in Jesus Christus unwiderruflich angefangen haben und in seinem Geist unter uns leben. Dem angemessen sind Jubel und Lobpreis, Spiel und Fest – der Sonntag als Anzahlung auf den Himmel.

In den NRK geschieht die zeitweise Vorwegnahme der verheißenen besseren Zeit in verschiedenen Bereichen:

- Erstens ist das der Bereich der *Bioprodukte:* Die Natur auf dem Teller und in der Kleidung, in der Bausubstanz und im Freizeitverhalten wird zum Vorgriff auf eine verheißene heile Welt.
- Zweitens eröffnen *Geschichten und Spiele* jene anderen Lebensverhältnisse, von denen man sich das Paradies erhofft.
- Drittens bieten *Gruppen und Kurse* Information, Einblick und Einübung in jenen neuen Lebensstil, dem man als globales Verhalten entgegenhofft.

Wieder soll das an konkreten Beispielen verdeutlicht werden.

Jener Bereich des alltäglichen Verhaltens, der vergleichsweise leicht verändert werden kann, ist die häusliche Lebensführung. Bei ihr steht im Sinne der NRK die Suche nach dem Natürlichen im Vordergrund. Dem Trend einer „neuen Einfachheit" folgend steigt die Nachfrage nach „Naturmaterialien". Kleidung aus Wolle und Seide, Möbel aus vollem Holz, Kosmetikprodukte aus reinen Pflanzenextrakten oder der Kugelschreiber in der Holzfassung sind Beispiele für jene Produkte, die mehr oder auch weniger berechtigt als Bioprodukte angeboten werden; vom gezielten Etikettenschwindel ganz zu schweigen.

Diese Suche nach dem Natürlichen, die durch eine Vielfalt an Bioprodukten mehr oder weniger redlich befriedigt wird, ist mit der Sehnsucht verbunden, in ihm Ganzheit, Harmonie und Heil zu finden. Als Beispiel können Werbetexte einer Vollwertbäckerei dienen:

Sammle die Ähren des Glücks – und es wird ein Laib der Zufriedenheit daraus.

Wir sollten wieder lernen, unsere Nahrung bewußt auszuwählen, liebevoll zuzubereiten und in ihrer natürlichen Ganzheit zu uns zu nehmen. Das Getreidekorn zum Beispiel ist von einer biologisch einzigartigen Ausgewogenheit, daß es durch kein von Menschenhand entwickeltes Verfahren veredelt werden kann. Alle wissenschaftlichen Bibliotheken der Welt können nicht um die Wunder herumkommen, die in ein Getreidekorn hineingelegt sind ... Wir in unserer Bäckerei sind seit 12 Jahren wieder zur damaligen Herstellung zurückgekehrt, wie sie vor der Industrialisierung angewendet wurde ...[26]

Die Werbebotschaft für das Produkt Vollkornbrot ist ein Appell zu einem neuen Bewußtsein für Ganzheitlichkeit und Natürlichkeit. Das Natürliche ist so vollkommen, daß es der Mensch nicht veredeln, sondern nur würdigen kann. Durch vorindustrielle Herstellungsmethoden, jedoch im Einklang mit der Wissenschaft, sei eine Produktqualität zu erreichen, die unter modernen Lebenserfordernissen Glück und Zufriedenheit beschert.

An einem anderen Text aus derselben Broschüre werden weitere Dimensionen ersichtlich. Es heißt da:

BESINNLICHES UMS BROT

Schneiden Sie ein Stück frisches Vollkornbrot vom Laib, nehmen Sie es bewußt in die Hand. Setzen Sie sich in einen bequemen Stuhl, besser noch in einen Polstersessel.

Riechen Sie an Ihrem Stück Brot. Nehmen Sie diesen Geruch ganz bewußt auf. Es soll für Sie in diesem Augenblick nichts anderes auf der Welt geben als diesen köstlichen Duft.

Stellen Sie sich vor: Ein Kornfeld wogt in der Sommersonne; Sie hören, wie der Wind leicht darüberstreicht, durch Millionen Halme fährt …

Brechen Sie ein Stück des Brotes ab. Seien Sie sich dieser rituellen, fast kultischen Handlung bewußt. Falls Sie gläubig sind, vergegenwärtigen Sie sich dabei den Satz: „Dies ist mein Leib!" Wenn Sie nicht christgläubig sein sollten, so stellen Sie sich vor, daß alle Menschen dieser Welt von diesem täglichen Brot haben sollten. Sehen Sie den kleinen Negerjungen in einer Straße in den Slums von San Francisco? Das hohlwangige Mädchen in New Delhi? Der Hunger aller Menschen wäre mit Brot zu stillen. Mit gerecht verteiltem Brot.

Nehmen Sie einen Bissen in den Mund, kauen Sie ihn sehr bewußt und sehr langsam. Ganz, ganz langsam. Lassen Sie vor Ihrem inneren Auge wie einen Film folgende Bilder ablaufen: einen Bauern, der das Korn sät; den Augenblick, wie aus dem kleinen Saatkorn – sichtbares Zeichen des Lebens – ein Pflänzchen sprießt; das Wachsen des Halmes; die wogende Ähre; die Getreideernte; das Dreschen, das Mahlen des Korns in der Mühle; das neu entstehende Leben im Sauerteig; den Duft in einer Bäckerei …[27]

Dieser zweite Text wirbt darum, ganz bewußt mit den alltäglichsten Dingen des Lebens umzugehen und sie einmal ohne den üblichen reichen (Brot-)Belag luxusgewöhnter Menschen mit allen Sinnen wahrzunehmen. Dabei kann man „be-sinnlich" werden, sich die Schönheiten der Natur und das Geheimnis des Lebens vergegenwärtigen. Christlicher Kult wird ebenso nachvollziehbar wie die Notwendigkeit weltweiter Gerechtigkeit.

Die Bioprodukte werden damit als Weg präsentiert, dem Geheimnis des Lebens nachzuspüren und es sich im wahrsten Sinn des Wortes „einzuverleiben". Gleichzeitig eröffnen sie Schritte zu einer „neuen Einfachheit", die Heil und Leben für jeden persönlich und in Folge für die Umwelt und die Armen der Erde bedeutet. Wer das verfolgt – so die Botschaft –, der findet etwas qualitativ völlig Neues: „Lebensqualität". Diese geht über den gewohnten industriellen Luxus tendenziell so weit hinaus, daß man auf ihn sogar verzichten kann, weil man Besseres gefunden hat. An diesem Punkt wird eine „Öko-Diät" erstrebenswert und sinnvoll, die ein wirksamer Weg zur Weltverantwortung sein kann.

Das Verwenden von Bioprodukten wird in den NRK demnach zur Einübung in eine natürliche und heile(nde) Lebensweise, die darin dem Göttlichen verbunden ist. „Lebensqualität" wird zu einem Schlüsselwort.

Geschichten und Spiele

Ein zweiter Weg, um sich in die Neue Zeit einzufühlen und sie ansatzweise vorwegzunehmen, sind Geschichten und Spiele. Wer eine Geschichte liest, findet sich hinein in eine andere Welt, begibt sich auf eine Phantasiereise. In allen Religionen spielen daher Geschichten eine wichtige Rolle. Sie erzählen von jenen Begebenheiten, in denen der Schlüssel zum Verstehen der Welt liegt. Zwei Romanciers seien beispielhaft für die NRK genannt: Michael Ende und Umberto Eco.

„Die unendliche Geschichte" und „Momo" von *Michael Ende* sind weit über die Szene und die Zielgruppe von Märchenbüchern hinaus zu Bestsellern geworden; als Buch und nochmals in der Verfilmung. Sie sind einschmeichelnd-esoterische Erbauung für jung und alt. Die Geschichten erzählen vom Reich der Phantasie, das vom Untergang bedroht ist. Nur ein reines Kind kann es retten, indem es den Weg der Einweihung in das Geheimnis des Lebens geht. Zeit- und Gesellschaftskritik – in „Momo" in der Metapher der „grauen Herren", die sich als „Zeitdiebe" betätigen – ist auf anschauliche Weise in ein Märchen verpackt. M. Ende trifft damit als ursprünglicher Kinderbuchautor Themen und Sehnsüchte, die auch Erwachsene bewegen.

> Es gibt ein großes und doch ganz alltägliches Geheimnis. Alle Menschen haben daran teil, jeder kennt es, aber die wenigsten denken je darüber nach. Die meisten Leute nehmen es einfach so hin und wundern sich kein bißchen darüber. Dieses Geheimnis ist die Zeit.
> Es gibt Kalender und Uhren, um sie zu messen, aber das will wenig besagen, denn jeder weiß, daß einem eine einzige Stunde wie eine Ewigkeit vorkommen kann, mitunter kann sie aber auch wie ein Augenblick vergehen – je nachdem, was man in dieser Stunde erlebt ... Und je mehr die Menschen daran sparten, desto weniger hatten sie.[28]

Es ist die Frage, wieviel Bedeutung man solchen modernen Märchen und ihren Verfilmungen für das Denken erwachsener Menschen zurechnen kann. Jedenfalls wird ein Thema angesprochen, das für Managerkurse ebenso zentral ist wie für Selbsterfahrungsseminare: die Zeit als Qualität des Lebens.

Nur für Erwachsene schreibt der italienische Semiotiker und Romancier *Umberto Eco*. Mit seiner Kriminalparabel über das Lachen „Der Name der Rose" wurde er zum Bestsellerautor und erlebte eine Verfilmung in prominentester Besetzung. Mit dem esoterischen Roman „Das Foucaultsche Pendel" ließ er einen zweiten Bestseller folgen. Auf gut 700 Seiten führt der Autor die Leserschaft auf einen initiatischen Verschwörungsweg, reich an Verwirrspiel und Information über die esoterischen Allerweltslehren. Zentrale Aussage: Selbst die abstrusesten Erfindungen werden zur Lebenswirklichkeit, wenn man nur konsequent genug daran glaubt.

> Wenn wir einander die Resultate unserer Phantastereien berichteten, schien uns – und sicher zu Recht –, daß wir mit unzulässigen Assoziationen und außergewöhnlichen Kurzschlußverbindungen operierten, denen Glauben zu schenken wir uns geschämt hätten, hätte man sie uns vorgehalten. Was uns ermunterte, war das gemeinsame Einverständnis – stillschweigend, wie es die Etikette der Ironie verlangt –, daß wir die Logik

der anderen parodieren. Doch in den langen Zwischenzeiten, wenn jeder von uns Beweisstücke für die nächste Dreiersitzung sammelte, überzeugt, Mosaiksteinchen für die Parodie eines Mosaiks zu sammeln, gewöhnte sich unser Hirn allmählich daran, alles und jedes mit allem und jedem in Verbindung zu bringen, und um das automatisch tun zu können, mußte es feste Gewohnheiten annehmen. Ich glaube, ab einem bestimmten Punkt macht es keinen Unterschied mehr, ob man sich daran gewöhnt, so zu tun, als ob man glaubte, oder ob man sich daran gewöhnt, wirklich zu glauben.[29]

Eco spricht in dieser Zwischenreflexion das Kernthema seines Romans und eine zentrale Frage in der Beschäftigung mit den NRK an: Wer in das Thema eindringt, kommt nicht unbeeindruckt wieder heraus. Das Wissen um diesen oder die Ahnung von diesem Umstand macht sicher einen berechtigten Teil jener Angst und Sorge aus, mit der Seelsorger der Szene begegnen – und gleichzeitig die Faszination für jene, die in den NRK auf der Suche sind.

Die Geschichtenschreiber entführen die Leser aus den alltäglichen oder globalen Lebensproblemen. Ihr utopisches Reich der Sehnsüchte ist Vorgriff und Einstimmung in jene Welt, die mit der „Wendezeit" real angebrochen sein soll.

Noch besser als Romane sind Spiele dazu geeignet, in eine veränderte Welt einzuführen, Lebenshaltungen zu erlernen – auch für Erwachsene. Spiele haben wieder Saison, zuallererst zur Unterhaltung, als sinnvoller, weil kommunikativer Zeitvertreib, auch zur Erhöhung von Konzentration und Phantasie, von Wissen und Geschicklichkeit. Gleichzeitig vermitteln sie Lebenshaltungen: vom „Mensch, ärgere dich nicht" bis zum „Poker-Face", vom „Kaufmännischen Talent" des DKT bis zur (Kriegs-)Strategie des Schach – so die alten Spiele. Einstimmung in eine ganz andere Lebenshaltung vermitteln die „New Games". Nicht Sieg, Niederlage und Strategie sind ihre Themen, sondern persönlicher Einsatz und solidarische Zusammenarbeit im Erleben und Lösen von Situationen.

Ein Beispiel sind die in den letzten Jahren modern gewordenen „Rollenspiele". Um teures Geld sind aufwendige „Spielbücher" zu erwerben, in denen eine Handlungswelt dargestellt ist. Mittelalterliche Ritterspiele und moderne Fantasy-Raumfahrt sind ebenso Thema wie esoterische Erlebniswelten. Sehr detailliert werden die Lebensumstände und die Spielsituation, die handelnden Personen und ihre Charaktere dargestellt, dazu die unmittelbaren Spiel- und damit Handlungsregeln. Wochenlang treffen einander die Rollenspieler, um in gegenseitiger Erzählung und gemeinsamer Aktion das Abenteuer im Spiel entstehen und bestehen zu lassen. Lebenshaltungen und wie man sie kommuniziert werden miteinander eingeübt in einer Art industriell vorbereitetem Märchen, das die Spieler zu Handelnden macht.

In den Kooperationsspielen der NRK stehen personale Werthaltungen im Vordergrund: Gesprächs- und Kommunikationsregeln, Toleranz, Freundlichkeit, Humor, Kooperationsfähigkeit und die Begeisterung für das, was die Sache ist und was man gemeinsam aus ihr machen kann. Insofern sind sie für eine zeitgemäße Manager-Ausbildung ebenso in Verwendung wie in kirchlichen Jugendgruppen: am Fallschirmtuch durch die Gruppe das Fliegen und die sanfte und sichere Landung erfahren, beim Blindführen und im Knie-Sitz-Kreis das Vertrauen zum Partner und in die Stärke der Gruppe lernen, beim Spiel mit der riesigen Leichtball-Weltkugel als Gruppe die Welt auf sanfte Art quasi zum „Spielball" Gleichgesinnter machen; sich gegenseitig auf kreative Weise kirchliche Begriffe und persönliche Glaubenszugänge erschließen.

Solche Spiele sind nicht nur kreativ und „sanft", sondern manchmal auch gefährlich, wie z. B. einige Kommunikations-, Psycho- und Rollenspiele. Eine erste Gruppe davon hat in den 70er Jahren auch Einzug in kirchliche Spielekarteien gefunden und Jugendführer in Bedrängnis gebracht. Was wohl passieren wird, wenn eine Gruppe fröhlicher Halbwüchsiger am Firmlingswochenende „Raumfahrt" spielt: Spielannahme ist, daß die ganze Gruppe erfolgreich auf dem Mond gelandet ist. Wegen einer technischen Panne ist die Rückkehr zur Erde nur möglich, wenn zwei sich opfern oder geopfert werden, indem sie zurückbleiben. In der Gruppe soll das diskutiert werden – ein Weg, um viel über die Stellung und die Achtung der einzelnen in der Gruppe, über die

Beziehungen und Cliquen und über die Rädelsführer und Machtverhältnisse zu erfahren.

Daß nach einem nervenaufreibenden Prozeß letztlich die Schwachen und Unbeliebten auf der Strecke bleiben, ist vorgegeben. Und daß ihrer Identität ohnedies unsichere Jugendliche, die noch dazu in der Gruppe offensichtlich wenig Rückhalt haben, ein solches Spiel nicht leicht wegstecken können, liegt auf der Hand. Weinkrämpfe, Selbstmordgedanken und durchwachte Nächte waren die Folge. In der kirchlichen Jugendarbeit sind solche Spiele wegen ihrer Gefährlichkeit längst abgeschafft. In diversen Szene-Gruppen sollen sie latente Konflikte lösen und zur Selbsterfahrung führen. Da dem weder die Teilnehmer noch die Leiter von zusammengewürfelten Wochenendtreffen gewachsen sind, kann vor solchen Gruppen nur gewarnt werden.

Weit weniger unmittelbar gefährlich und doch verführerisch sind jene Spiele, die auf oft primitive Weise in die Welt der *Kommerz-Esoterik* führen.

Ein Beispiel ist die Werbebeigabe, die der Time-Life-Verlag zu seiner Buchserie „Geheimnisse des Unbekannten" mitliefert. Auf einem billigen Faltkarton mit Vierfarben-Hochglanz-Druck sind sechs Spieldimensionen abgebildet. Jeder Mitspieler erhält einen Satz Spielfiguren, bestehend aus „Adepten", „Magiern", „Argonauten" und einem „Astralkörper", die auf jeweils bestimmten Dimensionen Lebensfähigkeit haben. Mittels zweier Würfel und unter Beachtung der ebenenspezifischen „magischen Zahlen" fährt man im Kreis, wird auf bunten Ereignisfeldern hin- und hergeschickt; und das pro Spielzug auf jeder Ebene, auf der man Spielsteine hat. Die „Aktionskarten" handeln dabei von allem und jedem, das im Billigniveau der Szene vorkommen kann, desgleichen die bunten Bildchen auf vielen Feldern: von Heiligenstatuen und geistlichen Bildausschnitten mit Darstellung der Tugenden und Laster zu den Symbolen der Tarotkarten, von den ägyptischen Göttern zu reinkarnatorischen Gestalten, von astrologischen Symbolen zu verträumten Naturwundern, von Pentagramm und Zahlenmagie zu Computergraphik; eine wirklich bunte Mischung von In-Symbolistik. Das Ziel des Spiels

ist das Erreichen der sechsten Dimension, wo man als „Astralkörper", dargestellt durch eine kleine Plastikwolke, in einer
Achterschleife, die die DNS symbolisieren soll, solange seine
Runden zieht, bis man das „magische Auge" erreicht hat: eine
im Luftpinselstil gehaltene Darstellung des christlichen Drei-
faltigkeitssymbols.

Das Spiel könnte aus der Satire des Umberto Eco stammen! Auch wer das Spiel nicht so ernst nimmt, wird durch
die Verwirrtheit der Spielebenen zu hoher Aufmerksamkeit
gezwungen und zudem stundenlang mit der Begriffswelt der
Esoterik-Szene vertraut gemacht. Denn das ist die Wirksamkeit jedes Spiels: Ohne sich dafür zu entscheiden, wird der
Spieler eingeführt in eine Welt des Denkens und Handelns.
Es besteht kein Grund dazu, sich über solche Phänomene im
einzelnen allzuviel Gedanken zu machen. Das grundsätzliche
Problem des wahllosen Konsums aber sollte zu denken geben:
Man wird daran gewöhnt, daß alles banal und nichts heilig
ist; daß alles dem Zeitvertreib dienen muß und eigentlich
nichts etwas zählt; daß man religiöse Symbole beliebig ge-
und mißbrauchen darf, ohne jede Art der Verbindlichkeit
oder Betroffenheit.

Ein letzter hier zu nennender Typ von New Games sind
die *Simulationsspiele*, in denen man miteinander gegen ein
System spielt. Das ist bei den Videospielen – wo alle Mitspieler gegen den Computer kämpfen – ebenso der Fall,
wie bei einigen Umweltspielen, von denen das m. E. nach wie
vor beste das kybernetische Umweltspiel „Ökolopoly"[30] von
Frederic Vester ist.

Spielsituation ist das fiktive Land „Kybernetien", in dem
durch politische Entscheidungen innerhalb einzelner Re-
gierungsjahre folgende Bereiche beeinflußt werden können:
Sanierung, Produktion, Aufklärung, Lebensqualität und
Vermehrungsrate. Durch Einstellen bestimmter Punktean-
zahlen von einer vorgegebenen Ausgangslage weg auf
drehbaren Kartonscheiben werden weitere Bereiche indirekt
beeinflußt: Umweltbelastung, Bevölkerung, Politik und Ak-
tionspunkte. Zusätzliche Schwierigkeiten bringen Ereignis-
karten, die Unvorhersehbares einfließen lassen. Besonders

interessant wird das Spiel, wenn es in Gruppen mit verteilten Rollen, mit Regierungschef und Ministerien, mit Medien und Lobbys gespielt wird. Durch Veränderung der Ausgangslage lassen sich auch die Lebenssituationen z. B. in einem agrarischen Entwicklungsland oder in einer Ölmetropole simulieren. Weiters sind im Beiheft in Diagrammen die Abhängigkeiten einzelner Koordinaten des Spiels analysiert. Dadurch wird es möglich, selbst diese Abhängigkeiten, also die Relationen des kybernetischen Gesamtsystems, zu verändern.

In der Erwachsenenbildung eingesetzt, wählen alle Gruppen eine ähnliche Vorgangsweise. Zuerst wird die Sanierung erhöht – eine Idee, die im öffentlichen Bewußtsein gut verankert ist. Dann wird zaghaft etwas im Bereich der Bildung unternommen. Beides kann auf Dauer den Kollaps des Systems nicht aufhalten. Der zielführende Weg ist die direkte Investition in die Lebensqualität bei gleichzeitiger Erhöhung der Bildung und Drosselung der Produktion an Industriegütern. Eine solche Lösung ist aber kaum zu vermitteln, Ängste um Hunger, Mangel an Gütern und Bequemlichkeitsverlust sind zu tief verankert. Die abschließende Analyse des Spiels hinterläßt tiefe Betroffenheit bei vielen und die Überzeugung, nicht nur intellektuell, sondern für das alltägliche Verhalten dazugelernt zu haben.

Geschichten und Spiele sind in den NRK wichtige Wege, um die verheißene Welt in der Phantasie und in der Simulation so vorwegzunehmen, daß man ihre Haltungen einübt und ihre erhofften Segnungen ansatzweise leibhaftig erahnt.

Gruppen, Kurse und Personen

Unter den Lebensbedingungen pluralistischer Gesellschaften gewinnen Überzeugungsgemeinschaften und Intensivkurse an Bedeutung. Sie sind der Ort, wo Lebenshaltungen gewonnen, eingeübt und gefestigt werden. Denn im beruflichen und gesellschaftlichen Alltag trifft man auf Menschen mit allen erdenklichen Ansichten. In der Vielfalt des Möglichen kann ich eine Einstellung nur festigen, wenn ich begleitend zum Alltag oder sehr intensiv zu freien Zeiten mit Menschen, mit Themen und in Verhaltenszusammenhängen engagiert bin, die eine gemeinsame tragende Lebenshaltung verkörpern. Im kirchlichen Bereich haben sich daher Gruppen ebenso durchgesetzt wie Einkehrtage und Bildungskurse.

In den NRK lassen sich drei Typen von Angeboten unterscheiden, die manchmal fließende Grenzen aufweisen. Im ersten Typus gibt es einen Leiter, Charismatiker, Priester oder Guru, der Anhänger um sich sammelt, die Gruppenregeln festlegt, seine Einsichten verkündet, zu bestimmten Übungen anleitet und entsprechenden Ritualen vorsteht. Zum stabilen Kern dieser Gruppen mit großer emotionaler Nähe zum *„Meister"* können jederzeit oder bei festgesetzten Gelegenheiten Neue dazustoßen, was durch Mundpropaganda geschieht. Inhaltlich kann die Ausrichtung ganz verschieden sein: der christlich-therapeutische Gesprächskreis mit der frommen Frau, die bei Kerzenlicht mit weißer Magie heilt; Vorlesung und Kult des Professors für Religionsphilosophie, der KunststudentInnen in Esoterik unterweist und sie in die Riten am Erdheiligtum einführt; die Runde der Geisterbeschwörer, denen ein Taxilenker vorsteht ... Die Beispiele sind ohne Zahl, die Veranstaltungen sind in der Regel gratis.

Wenn solche Gruppen von längerer Dauer sind, können sie zweitens als eine *Art Orden* zur Institution mit festen dogmatisierten Inhalten, Normen, Aufgabenteilungen und Riten werden. Über ein Kursangebot ziehen sie Interessenten an und kanalisieren gleichzeitig die Neugierigen so, daß die Gemeinschaft durch sie nicht gestört, sondern gefördert wird. Ein sehr gut dokumentiertes Beispiel für diesen Typ ist die Findhorn-Community. Dabei entstehen Gemeinschaften, die strukturell und ideell in der Nähe zu kirchlichen Gruppen anzusiedeln sind. Sie passen weniger in das herkömmliche Bild von Sekten, die um sich einen Wall aus Feindbildern aufbauen und nach innen repressiv Ordnung halten. Besser vergleichbar sind sie mit kirchlichen Privatoffenbarungen, Erneuerungsbewegungen oder Heilungs- und Erscheinungsphänomenen.

Ein dritter Typ sind jene *Kursorte*, die von Beginn an als solche geplant sind, weil die Gründerin nach langer und kostspieliger Ausbildung nun davon leben möchte. Sie hat sich in der Regel körperorientierte, therapeutische und in irgendeiner Weise spirituell-mystisch-magische Angebote der Szene, aber vielleicht auch orthodoxe Ausbildungswege angeeignet. Wer die Fähigkeit hat, sie zu einem eigenen System zu arrangieren und dieses mit einem gewissen Charisma der Vermittlung weiterzugeben, wird erfolgreich sein und gleichzeitig der Szene neue Inhalte, Ideen und Moden liefern. Man kann als Konsument die seriöse Arbeit therapeutisch oder spirituell begabter Menschen finden; aber auch die gefährlichen Aktivitäten von Halbgebildeten, die oftmals ihre Ausbildungsquellen verschleiern.

Die *großen Zentren* viertens unterscheiden sich von den kleineren Kursorten einzelner Gründer dadurch, daß sie ein breites Angebot haben und von einer wechselnden Kundschaft statt von tendenziell fixen Mitgliedern frequentiert werden. Sie bieten eine breite Vielfalt von allem an, was sich verkaufen läßt: mit bekannten Szene-Gurus aus Übersee als Referenten, Hotelausstattung der gehobenen Klasse und Luxusreisen zu den „heiligen Orten" der Erde. Die Themen sind breit gestreut zwischen Lebenshilfe und Verheißungsvermittlung, verpackt in attraktive Freizeitgestaltung: z. B. „Kochen mit Keimen und Sprossen", „Schule des Lachens", „Tantra-Energie", „Psychologie und Stammesmedizin", „Weibliche Spiritualität".

Eine nochmals neue Facette im Bemühen um gesellschaftliche Relevanz sind fünftens jene Angebote, die strukturell nicht den Priestern und Liturgien der Kirchen oder der Lebenshilfe der Volkshochschulen verwandt, sondern im Bereich der Wissenschaft und Wirtschaft angesiedelt sind. In den letzten Jahren hat sich eine breite Vielfalt von *Großveranstaltungen* etabliert, die mit prominenten Rednern, teurem Umfeld und gesellschaftspolitischem Einfluß die Thematik der NRK plazieren. Dazu sind die diversen New-Age- und Esoterikmessen und -kongresse ebenso zu zählen wie die berühmten Zukunftsforen und -werkstätten. Ebenfalls von hohem gesellschaftspolitischen Wert sind diverse Ausbildungsgänge, wie sie bereits von zahlreichen Management-Instituten angeboten werden – Meinungsbildung für Meinungsmacher.

Aus der Verschiedenheit der Gruppen, Kurse, Zentren und Veranstaltungen läßt sich bereits erschließen, daß unterschiedliche *Personengruppen* damit angesprochen werden. Mindestens von den Teilnehmern der Managerkurse und Zukunftsforen einmal abgesehen – sie kommen oft mehr aus beruflichen als aus persönlichen Gründen –, kann man wenigstens einige Grundbeobachtungen über die Menschen in den NRK machen. Wissenschaftlich ist allerdings dazu noch wenig geforscht worden, und wenn, dann meist im Umkreis der Sekten oder des Okkultismus. Einen ersten Hinweis findet man bei Harvey Cox, der Studenten in Cambridge befragte.[31] Die Suche nach Gemeinschaft, Autorität und unmittelbarer Erfahrung, nach weiblicher Spiritualität, vortechnischer Weisheitlichkeit und ehrfürchtigem Naturverhältnis erwiesen sich als die Hauptmotive, sich östlichen Meditationsformen, Heilswegen und Gurus zuzuwenden.

Spricht man bei uns mit TeilnehmerInnen der Szene oder InteressentInnen in den NRK, so fällt als erstes auf, daß niemand als „New Ager" bezeichnet sein will. Vielmehr sieht man sich als EsoterikerIn, AstrologIn oder ein „spiritueller Mensch". Insgesamt wird jede Etikettierung als Einengung empfunden. Von den geglaubten Inhalten erzählen die Leute zwar mit Begeisterung; ein Bekenntnis zu einer inhaltlichen Formalstruktur, einer wohldefinierten Richtung, einer institutionalisierten Lehrmeinung geben sie ungern ab.

Persontypen

Daraus könnte man ganz im Sinne der NRK folgern, daß jeder ganz individuell verschieden ist und sich nichts Allgemeines sagen läßt. Das ist aber nicht ganz so. Wer viele Menschen aus den NRK kennt, der stößt immer wieder auf ähnliche Lebensprofile. Als Beispiel sei hier die Beschreibung einiger typischer Personen übernommen:[32]

Beispiel: Die Lebensdeuterin

Sie entstammt der unteren Mittelschicht, ist eine berufs-
tätige Frau nahe der Pensionierung, hat fünf erwachsene
Kinder und immer ein offenes Ohr für die Nöte anderer. Seit
geraumer Zeit hat sie in der Astrologie einen Weg gefunden,
um die Wendungen des Schicksals zu verstehen. Sie erstellt
kostenlos Horoskope für etliche Leute, die Vertrauen zu ihr
haben. Mit den Sternen errechnet sie günstige Zeiten für
bestimmte Vorhaben und tröstet über leidvolle Durststrecken
hinweg. Im Laufe der Zeit hat sie auch esoterisches Gedankengut aufgenommen und ist Mitglied in verschiedenen einschlägigen Vereinigungen. Aus der katholischen Kirche will
sie nicht austreten, obwohl sie zu ihrem Leben normalerweise
keine Berührungspunkte hat.

Beispiel: Die Therapeutin

Sie ist Mitte 30, hat ein lediges Kind, das sie nicht selbst
betreut, und keine anerkannte Berufsausbildung. Nach
Anlernjobs im Handel entdeckt sie ihre spirituellen und therapeutischen Fähigkeiten und macht die Ausbildung an
einem körpertherapeutisch orientierten Institut der Szene. Mit
ansteckender Lebensfreude und handwerklichem Geschick
behandelt sie ihre PatientInnen, denen sie auch so manche
Lebensweisheit mit auf den Weg gibt. Kirchen besucht sie
„ganz spontan", abhängig von der „Spiritualität des Ortes".
Auch regelmäßige Exerzitien in verschiedenen katholischen
Ordenshäusern sind ihr lieb geworden.

Beispiel: Die Priesterin

Sie ist Ende 20, ledig, kurz vor der Promotion in Ge-
schichtswissenschaft und eine moderne junge Frau. Sie gehört
der ethnischen Minderheit der Roma an und hat von ihrer
Großmutter das gelernt, was im Volksmund verächtlich „Zi-
geunerleben" genannt wird. Im Spannungsfeld zwischen den
gebildeten assimilierten Eltern und dem Wohnwagen der
Vorfahren aufgewachsen, hat sie sich in die eigene Tradition
wissenschaftlich als Historikerin und persönlich als initiierte
Priesterin eingelebt. Sie zelebriert die alten Rituale, vertritt

einen christlichen Gottesglauben und eine ebensolche Ethik. Um neue Bekannte auf ihre Absichten und Anschauungen zu testen, ehe sie sich preisgibt, stellt sie sich als Hexe vor.

Beispiel: Der Philosoph
Er ist 80 Jahre alt, von feingliedrig-asketischem Körperbau, hat lebendige Augen, eine eindringliche Sprache und einen aufrechten Gang. Er zeigt vornehm-zurückhaltende Umgangsformen und bekennt sich zur Theosophie und zum Vegetarismus. Er hat reichhaltigstes Wissen über die verschiedensten religiösen und philosophischen Richtungen quer durch die Kulturkreise und die Fähigkeit, es zu vermitteln. Er studiert katholische Theologie an einer Universität und versteht es, zuhörend, beitragend und lernend an philosophisch-theologischen Gesprächen teilzunehmen.

Beispiel: Der Grüne
Er ist um die 50, verheiratet und Vater mehrerer Kinder. Als Bauer ist ihm die ökologische Problematik ein Herzensanliegen. Vor Jahren schon ließ er sich von den Nachbarn für seine rückständigen Methoden mit Fruchtfolge und Kompostdüngung verlachen. Er ist Aktivist bei Bürgerinitiativen und in der parteipolitischen Grünbewegung. Der Kirche gegenüber ist er kritisch-loyal, wiewohl er so manches NRK-Gedankengut für sich übernommen hat.

Diese wenigen Beispiele zeigen schon, wie verschieden in Biographie, Interessenlage und auch Kirchlichkeit die Menschen in den NRK sind. Interessant wäre dazu die Frage, wohin die persönliche Entwicklung unter Einfluß der NRK gehen kann. Biographische Langzeitstudien gibt es dazu noch nicht, so daß aus persönlichen Beobachtungen und Begegnungen nur eine erste typisierende Beschreibung versucht werden kann, die hier übernommen ist:[33]

Die Persönlichkeit
Sie hat vieles probiert und erfahren in ihrem Leben. Im Gedankenfeld der NRK hat sie dann das gefunden, was ihr in ihrem angestammten Glauben gefehlt hat: Deutung für die

persönlichen Schicksale und die weltweite Entwicklung, Vermittlung gläubigen und wissenschaftlichen Denkens, Hilfen für die alltägliche Lebensgestaltung, Ehrfurcht vor der Natur und dem Menschen, Formen der Besinnung und der Hingabe. Sie hat dadurch ein Stück weit ihren christlichen Glauben besser verstehen gelernt, auch zu unterscheiden gelernt zwischen dem Wert des Christlichen und den Defiziten des Kirchlichen. – Die NRK als Glaubens- und Lebensweg für Persönlichkeiten.

Der Suchende
Er hat schon vielerlei probiert und auch manches Förderliche gefunden. Dennoch ist er ständig bei neuen Angeboten. Er spielt nicht, ihm ist die Suche bitterernst. Er hat keine rechte Ausbildung oder keine Freude mehr am erlernten Beruf. Mit der Kirche hatte er nie viel zu tun; seit der ersten Kirchenbeitragsvorschreibung ist er ausgetreten. Er ist persönlich verunsichert, aber sensibel genug, um die Haltlosigkeit mancher Kurse zu durchschauen. Noch hat er die Hoffnung nicht aufgegeben, denn er ist ein Idealist. Vielleicht wird er durch glückliche Lebensumstände wieder zu persönlicher Stabilität finden; vielleicht wird er im Selbstmord enden. – Die NRK als Rettungsanker für Verzweifelte.

Der Fanatiker
Er hat sich in der Szene umgeschaut und sich entschieden. Nun weiß er, wo es langgeht. Er hat einen mühevollen und schmerzensreichen Weg hinter sich, voll Entblößung, Verzweiflung und Anstrengung. Jetzt aber hat er den Lohn: Er hat die Einweihung erfahren, den Durchblick gefunden. Jetzt ist alles sonnenklar, und er weiß, daß es so kommen mußte. Wer noch nicht soweit ist – und er selbst gehört zu den erwählten 4 Prozent –, der ist selber schuld. Es hat auch keinen Sinn, über seine Ansichten zu diskutieren. Mit seinesgleichen versteht man sich; und die anderen können die Tragweite der Erkenntnis nicht ermessen, weil ihnen das Bewußtsein dafür fehlt. – Die NRK als Heilslehre für die „Erwählten".

Die Erleuchtete

Sie hat ihren Weg gemacht. Durchstrahlt von der Einsicht in die letzten Geheimnisse, weiß sie, daß alles nur Schein ist und etwas für die Old Ager oder die New Ager. Wer im Light Age lebt, kann über all das hinwegsehen: über die Streitigkeiten um verschiedene Wege zum Heil; über die banalen Probleme der Welt, die manche für die Vorboten der ökologischen oder nuklearen Katastrophe halten; über die Kleingläubigen, die noch glauben, etwas Bestimmtes tun oder lassen zu müssen. Sie ist hinweg über diese Stufe, ihr bleibt nur noch die heitere Gelassenheit der Erlösten. – Die NRK als Immunisierungsstrategie.

Der Auswahlgläubige

Oft hat er eine naturwissenschaftliche oder technische Ausbildung und wenig philosophisch-humanistische Denkerfahrung. Lang hat er sich für Religiöses überhaupt nicht interessiert. Jetzt hat er sich von überall das Beste genommen. Jedenfalls hat er die Grenzen konfessioneller Religiosität abgelegt und in der Fülle religiöser Versatzstücke, Anleihen und Assoziationen der Szene genug gefunden, damit seine Welt gegenwärtig im Lot ist. Und für jede Veränderung finden sich reichlich Inhalte und Methoden, um auch damit leben zu können. Eine Variante dieses Typs ist der kirchlich Integrierte, der sich für rechtgläubig hält, aber so manches Neue brauchen kann, um sich sein Leben und seinen Glauben so zu gestalten und zu deuten, wie es ihm einleuchtend ist; ein Vorhaben, das er allein unternimmt, weil er keine kirchliche Stütze findet, die ihm keine dogmatischen Vorschriften macht. – Die NKR als Bausteinlager.

Der Distanzierte

Er beschäftigt sich intensiv und auf hohem intellektuellem Niveau in einem Teilbereich der NRK. Weder mit einem der Szene-Etikette noch mit ihren Angeboten will er irgend etwas gemein haben. Er steht in seinem Bewußtsein weit über all dem Humbug, mit dem sich die anderen beschäftigen. Seine Erkenntnisse sind aus seiner Sicht unerreicht oder unerwünscht, weswegen er auch kaum verstanden wird; außer von wenigen seiner Schüler oder vom Kreis seiner Mitstreiter. Die Szene findet er entweder nicht der Mühe wert, oder er bekämpft sie mit wütender Apologetik. – Die NRK als weites Feld der Widersprüchlichkeiten.

Ein Blick auf die beteiligten Personen, ihre Motive und ihre Interessenlage, hat erbracht:

daß in den NRK Menschen nach Erfahrungen Ausschau halten, die ihnen für ihr Leben wichtig sind,

daß diese Erfahrungen weder durch die Angebote der Wohlstandskultur noch der Kirchen ausreichend zugänglich sind,

daß sie dafür bereit sind, sich auch persönlich zu investieren und auszusetzen,

daß das zu ganz unterschiedlichen Verläufen und Ergebnissen persönlicher Entwicklung führen kann.

4. Zusammenschau: eine Suchbewegung

Die Ziele der Wohlstandsgesellschaft sind brüchig geworden, kaum daß man begonnen hat, ihre Auswirkungen zu spüren. Die Schnellebigkeit und Unübersichtlichkeit des modernen Lebens läßt die Menschen nach wahren und dauerhaften Werten fragen. Der Wohlstand hat seine Rolle als gesellschaftliche Vision verloren. Was man heute sucht, ist Lebensqualität.

Die Neuen Religiösen Kulturformen bieten sich als Ort dieser Suche an. Sie sind ein Markt an Büchern, Requisiten und Kursen für einen neuen Lebensstil. Personen, die sich dort dauerhaft bewegen, weil sie Suchende oder Anbieter und meist mit der Zeit beides sind, bilden eine Art „Suchbewegung" aus. Sie erstreckt sich auf Ansätze zur Lebenshilfe, auf die Verheißungen einer Neuen Zeit und auf Weisen der Erbauung.

Kern der Lebenshilfe sind Angebote, denen man wegen ihrer vorgeblich wissenschaftlichen Erwiesenheit, wegen ihrer alten Tradition oder göttlichen Herkunft trauen kann.

Sie greifen jene Bereiche auf, an denen moderne Menschen mit ihren Lebenswünschen scheitern können: Gesundheit, Erfolg, Familienglück, Schicksal.

Die vorgeschlagenen Lösungen sind einfach, weil das Wahre nicht kompliziert sein könne. Ihr Weg ist daher eher die Emotionalität und Intuition als die Rationalität. Ihre Wirksamkeit beruht darauf, daß sie aus dem „Geheimnis des Lebens" entspringen und mit ihm in Berührung bringen. Anwenden kann sie jeder, der bereit ist, sein Leben selbst aktiv in die Hand zu nehmen und zu gestalten.

Diese Bereitschaft, auf den richtigen Wegen selbst aktiv zu werden, ist der *Weg der Lebensqualität*. Sie zeigt sich nicht als ein Ziel, das durch fremde Methoden erreicht werden könnte. Bei ihr ist der Weg bereits ein Stück des Zieles und das Ziel ein Gipfelpunkt, ein Schwellenwert, der nur kurzzeitig erreicht und nicht festgehalten werden kann.

Lebensqualität besteht also nur in der beständigen Mühe um sie. Diese Mühe ist jedoch, wenn man es richtig angeht, eine geringe und lustvolle – sie ist bereits Lebensqualität.

Möglich wird diese Vorwegnahme des Zieles im Weg, weil die Garantin der Lebensqualität sich bereits unter uns durchsetzt – eine Neue Zeit. Ihre Verheißung ist mit verschiedenen Begriffen und Vorstellungswelten verbunden: New Age, Kosmischer Christus, Bewußtseinsevolution, Paradigmenwechsel, Schöpfungsbewußtsein. So verschieden diese Verheißungen sind, sie bringen in unterschiedlichen denkerischen Kategorien das gleiche Phänomen zum Ausdruck: Mit den modernen Krisen bricht eine Neue Zeit über uns herein. Sie ist geprägt von jenem neuen Geist, dem gemäß zu leben die Lebensqualität ausmacht. Diesem neuen Geist darf man getrost vertrauen, weil er dem Geheimnis des Lebens entspringt und entspricht. Er ist zugleich göttlichen und natürlichen Ursprungs und so jene Quelle, auf die der Mensch als der Natur wie dem Göttlichen gleichermaßen verbundenes Wesen bauen kann.

Wer sich auf diesen „neuen Geist" einläßt, erfährt und bewirkt Lebensqualität. Sie ist umfassend, betrifft alle Bereiche des persönlichen, gesellschaftlichen, weltumfassenden und kosmischen Lebens, ist zugleich religiös und profan. Sie betrifft alle Bereiche des Lebens und umgreift daher Lebenshilfe im Alltäglichen ebenso wie Spiel und Fest. Wer sich auf den Weg zur Lebensqualität begibt, eignet sich einen ökologischen Lebensstil an, besucht Kurse und beteiligt sich in Gemeinschaften. Selbsterfahrung und persönliche Entwicklung werden dabei wichtig. Das erfordert aktive Anstrengung, aber auch das heitere Sich-Hineinfinden in Geschichten und Spiele, Phantasie und Simulation, die die neue Zeit, die erst anbricht, in ihrer Fülle stückweise vorwegnehmen.

TEIL 2

Das postmoderne Grundmuster:
Eine Sehnsuchtsreligion

Die NRK sind eine moderne, dem Anspruch und den Belegen nach religiöse Suchbewegung, die Wissenschaft und persönliches Engagement im Geist einer neuen Zeit zusammenbringt. Wer diese Entwicklung interessiert und kritisch betrachtet, dem stellen sich im Anschluß daran mehrere Fragen:

• Erstens: Die NRK verstehen sich als kulturelle Vorhut einer gesellschaftlichen Entwicklung, als Alternativkultur und Avantgarde. Sie nutzen – etwa über die Grünbewegung und -parteien – ihre Möglichkeiten zur gesellschaftlichen Mitverantwortung. Was bedeutet ihr Auftreten kulturell? In welchem Verhältnis stehen sie zum „Wertewandel" oder zur „Postmoderne"?

• Zweitens: Die NRK verbinden ihr kulturelles Anliegen mit religiösen Motiven. Zeigt sich darin eine neue Religion? Eine neue Sekte? Sind die NRK ein religiöses Phänomen oder bloß ein Geschäft mit der Sehnsucht danach? Haben sie ein Bekenntnis und worin besteht es?

• Drittens: Die NRK präsentieren sich als eine religiöse Bewegung. Ihre Anliegen sind auch innerhalb der Kirchen präsent, beziehen aber häufig nichtchristliche Quellen ein. Wie stehen die NRK zum Christlichen und zu den Kirchen, und was haben diese davon zu halten?

• Viertens: Die NRK werden durch Themen, Personen und Anspruch zu einer Herausforderung für die Kirchen. Wie groß ist ihre quantitative und qualitative Bedeutung? In welcher Hinsicht geben sie, wenn schon nicht brauchbare Antworten, so doch die richtigen Fragen vor, so daß sich die Kirchen ihnen nicht entziehen können? Wo zeigen sie kirchliche Fehlstellen auf, die diese in ihrem eigenen Interesse füllen sollten? Wo operieren sie eventuell sogar mit Mechanismen und Strukturen, die das Christentum von ihnen lernend aufnehmen sollte? Was bedeutet das theologisch?

Diesen Fragen ist der zweite Teil gewidmet. Der erste Abschnitt beschäftigt sich mit der kulturellen Einschätzung des Phänomens im Verhältnis zu Wertewandel und Postmoderne. Der zweite Abschnitt geht der Frage nach, inwiefern die NRK als „religiös" bezeichnet werden können und welche Kritikpunkte dazu auch innerhalb der Szene laut werden. In einem dritten Abschnitt geht es um die Frage nach der Christlichkeit der NRK. Dazu müssen zuerst die Quellen, aus denen sie schöpfen und auf die sie sich beziehen, betrachtet werden. Als Gegenprobe wirkt ein Blick auf den Umgang mit zentralen christlichen theologischen Begriffen. Daraus folgen Kritikpunkte und Kriterien, die die Einschätzungen der Kirchen prägen. Der vierte Abschnitt schließlich legt anhand von „Schlüsselwörtern" eine inhaltliche Systematisierung vor und kontrastiert sie mit einer biblischen Reich-Gottes-Theologie. Daran werden die Inspirationen wie die Herausforderungen für die Kirchen sichtbar. Konsequenzen daraus vorzuschlagen, wird Inhalt des abschließenden dritten Teils dieses Buches sein.

1. Kulturelle Entwicklungen

Es hat sich im ersten Teil gezeigt, daß die NRK eine Suchbewegung als Antwort auf Defiziterfahrungen der modernen Welt sind. Lebenshilfe unter persönlich schwierigen Bedingungen, die Verheißung einer neuen Zeit und Weisen der erbaulichen Einstimmung in sie sind die zentralen Dimensionen. „Lebensqualität" ist ein visionärer Zielbegriff und die Beschreibung des Weges gleichermaßen.

Die NRK haben dieser gesellschaftlichen Suchbewegung spezielle Ausdrucksformen gegeben. Als Thema ist die Suche nach einem Leben in, mit und möglicherweise nach der Moderne weit umfassender in der Gesellschaft präsent. Sei-

nen Niederschlag findet das in der Wertewandel-Diskussion einerseits, im Begriff der „Postmoderne" andererseits. Im Blick auf sie werden die NRK zu einer speziellen Antwort auf eine insgesamt gesellschaftlich spürbare Entwicklung, in der
- unter den Bedingungen der Wohlstandsschaffung *vernachlässigte Werte* neu in den Blick kommen und
- die *Grundlagen der Moderne* in ihrer Eigenart und ihren Konsequenzen zur Diskussion stehen.

1.1 WOHLSTAND UND WERTEWANDEL

Dank eines hohen Arbeitsethos und so mancher Entbehrungen hat die Kriegsgeneration einen beachtlichen *Wohlstand* erwirtschaftet, den der Sozialstaat denen bewahrt, die ihn erreicht haben. Der Unternehmerkapitalismus ist zum Konsumentenkapitalismus geworden, der in ausreichender Freizeit zum Zug kommt. Zunehmende Automatisierung verkürzt nicht nur die Arbeitszeit, sondern übergibt schwere oder monotone Arbeit den Maschinen; unqualifizierte Arbeit wird seltener. Immer mehr unverschuldet Arbeitslose oder z. B. im Gefolge einer Scheidung Arme haben daran aber keinen Anteil mehr.

Hohe allgemeine Bildung macht qualifizierte Arbeit, Leistung und Arbeitsfreude häufiger; für nicht wenige verschieben sich die Lebensinteressen in die Arbeitswelt. Bildung und Leistung lassen uns emanzipieren, auch viele Frauen machen diese Erfahrung. Die geographische und soziale Mobilität steigt, die Sozialkontrolle nimmt ab, homogene Milieus verschwinden. Die Kommunikation wird dank der Massenmedien global, Provinzialität weicht dem Weltbürgertum. Toleranz gegenüber anderen Meinungen, Kulturen und Weltanschauungen wird zur Aufgabe. Immer mehr Menschen fühlen sich von dieser Entwicklung überrollt, Fundamentalismen, Nationalismen und Radikalismen nehmen zu.

Soziale Rollen sind nicht mehr ererbt oder zugewiesen, sondern werden durch Kompetenz erworben; der Tüchtige macht sein Glück. Die weniger Tüchtigen geraten unter übermäßigen Leistungsdruck, soziale Nischen für Erfolglose werden seltener. Spezialisten für alles und jedes erreichen ein hohes Maß an Kompetenz und Professionalität. Mit wachsender technischer Perfektion scheint das meiste in den Horizont des Möglichen und Machbaren gerückt. Es nehmen aber auch die Aufgaben zu, für die niemand zuständig und verantwortlich ist. Durch den Vormarsch der Computerisierung verliert Information ihren Machtwert und wird demokratisch; jede kann wissen, was sie interessiert. Doch dadurch geht gleichzeitig die Übersicht verloren, und man kann nur mehr schwer einschätzen, welche Bedeutung einer Information zukommt.

Diesem ambivalenten Wohlstandsbild entspricht eine statistisch belegte *hohe Lebenszufriedenheit*: mit der Arbeit, dem häuslichen Leben, dem Lebensstandard und dem Leben allgemein. Dieses grundsätzliche Wohlbefinden eröffnet gleichzeitig Freiräume für Neues. Mit der Erfüllung steigen auch die Ansprüche; und dies nicht nur in materieller Hinsicht. Freizeit, Wohlbefinden und Lebensqualität gewinnen an Wertigkeit, „postmaterielle Werte" bekommen Konjunktur. Wie dieser Umstand soziologisch zu beschreiben sei, ist Inhalt der „Wertewandel"-Diskussion.[34]

In den späten 70er Jahren behauptete *P. Inglehart* einen *„leisen Wandel" von materialistischen zu postmaterialistischen* Werthaltungen. Er begründete das damit, daß die Kriegs- und Wiederaufbaugeneration Verzicht, Arbeit, Sparsamkeit und das Ringen um Wohlstand von Kindheit an internalisiert hätte. Deshalb sei sie bis heute dem Streben nach materieller Belohnung verhaftet. Die Generation ihrer Kinder jedoch habe Wohlstand immer als Selbstverständlichkeit erlebt und strebe daher nach der Befriedigung höherer, postmaterieller Bedürfnisse, die im Wunsch nach Selbstverwirklichung gipfeln.[35]

Für Deutschland hat erstmals *Peter Kmierciak* nach Veränderungen in den Wertprioritäten gesucht. Er fand Anzeichen für eine *Auflösung des bürgerlichen Wertsystems*, das durch Leistung, Arbeit und Autorität geprägt war:
  – den Rückgang von Berufs- und Leistungsorientierung,
  – den Verfall einer an der Arbeit um ihrer selbst willen orientierten Arbeitsethik,

– die Suche nach immaterieller Lebensqualität – nicht mehr nur nach Einkommen und Konsum,

– die wachsende Bedeutung des Freizeitbereichs gegenüber der Arbeitssphäre,

– das Aufgeben traditioneller Erziehungsleitbilder und -praktiken zugunsten demokratisch-egalitärer Orientierungen.[36]

Große Verdienste um die Wertediskussion in Deutschland hat sich *Helmut Klages* erworben. Er konstatiert die Entwicklung von den „Pflicht- und Akzeptanzwerten" zu den *„Selbstentfaltungswerten"*. Dabei unterscheidet er drei Entwicklungsphasen: Anfang bis Mitte der 60er Jahre seien die Pflicht- und Akzeptanzwerte prägend gewesen. In einer zweiten Phase bis Mitte der 70er bauten sie zugunsten der Selbstentfaltungswerte deutlich ab. Und seitdem komme es zu einer Stagnation bei hoher Instabilität der Wertsysteme.

Folgende Wertgruppen sind dabei an einem Wandel beteiligt:

– Pflicht- und Akzeptanzwerte mit Bezug auf die Gesellschaft: Disziplin, Gehorsam, Leistung, Ordnung, Pflichterfüllung, Treue, Unterordnung, Fleiß, Bescheidenheit;

– Pflichtwerte mit Bezug auf das individuelle Selbst: Selbstbeherrschung, Pünktlichkeit, Anpassungsbereitschaft, Fügsamkeit, Enthaltsamkeit;

– gesellschaftsbezogene Entfaltungswerte: Emanzipation, Gleichbehandlung, Gleichheit, Demokratie, Partizipation, Autonomie;

– individualistische Selbstentfaltungswerte: Kreativität, Spontaneität, Selbstverwirklichung, Ungebundenheit, Eigenständigkeit.[37]

Hermann Denz sieht in der Österreich-Wertestudie, daß die Bedeutung der materialistischen Faktoren abnimmt. Am stärksten sind sie noch bei älteren, weniger gut gebildeten Männern ausgeprägt. In der Gesamtbevölkerung sind Mischtypen, die materielle wie postmaterielle Werte für wichtig halten, am häufigsten. Bei den Erwachsenen überwiegen die materialistischen Werte, die postmaterialistischen legen aber an Bedeutung zu. Jugendliche präferieren postmaterielle

Werte, ohne jedoch auf materielle Bedürfnisbefriedigung verzichten zu wollen. Insgesamt halten Denz/Zulehner mit Bretschneider dafür, von einem *additiven Wertewandel"* zu sprechen: Ohne die Sorge um das materielle Wohl zu vernachlässigen, sind postmaterielle Werte zunehmend wichtig.[38]

Faßt man die Wertewandel-Diskussion zusammen, so ergibt sich:

* Erstens: Der Wertwandel läuft in Richtung Individualisierung. Die Kennzeichen der Moderne (Pluralismus, Mobilität und Zwang zur Wahl) setzen sich seit den 70er Jahren vollends durch. Die Entwicklung eines Wertsystems wird zur individuellen Entscheidung.
* Zweitens: Wir beobachten eine Pluralisierung der Wertwelten. Man gibt sich anders, je nachdem, in welcher Rolle und in welchem sozialen Umfeld man jeweils steht. Dadurch wird es schwieriger, stabile Werthaltungen und damit eine persönliche Identität aufzubauen.
* Drittens: Die Werte haben geringere Handlungsrelevanz, ihre Gültigkeit und Anwendbarkeit ist im Einzelfall immer weniger zwingend. Die Begeisterung für „reine Werte" ohne Konsequenzen wird wahrscheinlicher. Häufig wird postmaterialistisch gedacht, aber materialistisch gelebt.
* Viertens: Der Wertewandel ist kein alternativer, sondern ein additiver. Die meisten können es sich leisten, gleichzeitig materialistisch und postmaterialistisch eingestellt zu sein. Sie nehmen den materiellen Wohlstand als Selbstverständlichkeit und streben von dieser sicheren Basis aus nach Lebensqualität und Selbstentfaltung.
* Fünftens: Die Werte verlieren an Selbstverständlichkeit. Unterschiedliche Werthaltungen sind in pluralistischen Gesellschaften legitim, keine kann sich als zwingend notwendig durchsetzen. Angesichts von Krisenerfahrungen wächst damit die Gefahr, daß einzelne Gruppen notfalls terroristische oder diktatorische Maßnahmen ergreifen – zum „Heil" aller, wie sie meinen.

- Sechstens: Die beschriebenen Wertwandeltendenzen erzeugen Gegenbewegungen zur Moderne. Die Pluralisierung der Wertwelten erzeugt Unsicherheit und begünstigt einerseits einen neuen Konservativismus, der Sicherheit im Althergebrachten sucht. Andererseits sucht man Wege zu einer Ganzheitlichkeit, die Modernes und Postmodernes zu integrieren vermag.
- Siebtens: Schließlich stellt sich die Frage nach der Wahrheit neu; sie kann nicht mehr allgemeingültig beantwortet werden. Welche Werte gültig oder wahr, gut oder menschlich sind, liegt im Ermessen des einzelnen und in der Autorität jener Gemeinschaft oder Führerfigur, die für sie steht. Unter modernen Bedingungen wird zwar nicht die Wahrheit relativ, wohl aber die Autoritätsstruktur, die für sie einsteht. Gemessen wird sie an den Kategorien Beziehung, Betroffenheit und Vertrauen.

1.2 KRISENBEWUSSTSEIN UND POSTMODERNE

Die Hinwendung zu neuen Werten ist nicht nur durch die Möglichkeiten einer Wohlstandsgesellschaft bedingt, sondern auch durch die neuen Bedrohungsbilder, die aus ihren Nebenwirkungen entstehen. Die Errungenschaften spätindustrieller Gesellschaften mögen für Idealisten, Lebenskünstler und Glückskinder rundum positiv aussehen. Für die meisten zeigen sie vor allem ihre Kehrseite. Selbst für die, denen es so gutgeht wie nie zuvor, wirkt die Moderne bedrohlich.

Die hohen *Perfektionsanforderungen* der modernen Arbeitswelt und die großen Folgewirkungen selbst kleiner Fehler und Unachtsamkeiten erzeugen ein Maß an Streß, das auch in der Freizeit nicht mehr abgebaut werden kann; zumal diese durch lange Wegzeiten, durch Zuarbeit für die Bürokratie, durch kleine Haushalte und fehlende Dienstboten wieder großteils aufgefressen wird. Das gilt besonders für die Frauen, die die Berufswelt dazugewonnen haben, doch die praktische Hauptverantwortung für Kindererziehung, Haushalt und harmonische Partnerschaftsbeziehung nicht abgeben konnten. Konzentrieren sie sich allerdings auch nur zeitweise auf

den häuslichen Bereich, ist ihnen die Rückkehr in die Berufswelt kaum noch möglich, dafür die Armut im Scheidungsfall
sicher.

Von Arbeitslosigkeit sind neben Müttern immer mehr
ältere Personen betroffen, die mit den ständig steigenden
Qualifikationsanforderungen nicht mithalten können oder leicht
durch jüngere und billigere Arbeitskräfte ersetzbar sind. Mit
dem Arbeitsplatz verlieren sie gleichzeitig ihr Selbstwertge-
fühl und ihre soziale Existenzberechtigung. Die anderen
haben meistens keine berufliche Stellung, die ihren Interessen
und Fähigkeiten entgegenkommt, sondern sind für das, was
sie tun, gleichzeitig unter- und überqualifiziert. Arbeitsteilung und bürokratische Kontrolle im unüberschaubaren
Netz gegenseitiger Abhängigkeiten geben einem nur noch
selten das Gefühl, etwas Sinnvolles zu tun, weil man persönlich verantwortlich ist.

Das spürt vor allem die Jugend, die immer länger zögert,
sich in die Welt der Erwachsenen einzufügen. Viele bleiben
dabei auf der Strecke, zumal ihnen eine überlastete Kleinst-
familie nie den emotionalen Rückhalt für den Lebenskampf
gegeben hat. Werden die Kinder aus desolaten sozialen Verhältnissen zeitlebens vernachlässigt, so sind die anderen oft
überbehütet und durch große Freizügigkeit in der Erziehung
ebenso halt- und orientierungslos. Auch als Erwachsene
weisen sie die Zumutung zurück, für die Zukunftsentwicklung der Gesellschaft verantwortlich zu sein, wofür ihnen die
Generation ihrer Eltern aber ohnedies keinen Handlungs-
spielraum zugesteht. Die alten Ordnungen tragen nicht mehr.
Das Ende homogener Milieus und der Erwerb von Rolle und
Status durch Kompetenz nutzt vor allem den Starken in der
Gesellschaft. Die Schwächeren werden in *geschützten Bereichen*
aufgefangen, wo die Macht nach wie vor diejenigen erhalten,
die sie durch Loyalität in Partei-, Kammer-, Verbände- oder
Kirchenstrukturen ersessen haben. Dadurch kommt es zu
einem Imageverlust alter Institutionen. Sie erwecken immer
mehr den Eindruck, daß ihre Anstrengungen nicht ihren gesellschaftlichen Aufgaben, sondern hauptsächlich dem Wohl
ihrer Funktionäre gelten.

Aber auch der engagierte Einsatz der Tüchtigen nützt in der Praxis nur beschränkt. Die Computerisierung hält zwar Unmengen an Informationen bereit, aber durch die „Sachzwänge" ist das meiste bereits vorentschieden. Dazu fehlt weitgehend die gesellschaftliche Kompetenz, Fragen nach Wert, Sinn und Ziel adäquat zu stellen.[39] Folglich werden konkrete Probleme vornehmlich durch Umdefinition gelöst: Es wird festgesetzt, was machbar ist, und alles andere zur Nebensache erklärt. Politisch machbar ist aber letztlich sehr wenig, weil auf durch Eigeninteressen geleitete Entscheidungen in den Bereichen der Wirtschaft, der Wissenschaft und des privaten Lebensstils in Demokratien kaum Einfluß genommen werden kann.

Man kann dieser Situation – vielfach als *Krise* beschrieben – leicht mit Ignoranz begegnen und die Warner als ideologisierte Miesmacher hinstellen. Denn die modernen Risiken lassen sich nicht zuerst ausführlich erforschen, um sie dann zu beseitigen. Sie liegen gerade darin, daß sie die unvorhersehbaren Folgen komplexer moderner Errungenschaften sind, die man wegen ihrer Unabsehbarkeit in Kauf nimmt.[40] Gewißheit über sie darf nicht eintreten, weil es dann zu spät ist: Die Folgen eines atomaren Holocaust, der Versauerung der Wälder, der Ölverseuchung der Weltmeere oder der Aufheizung der Atmosphäre können nicht zuerst ausprobiert und wissenschaftlich bewiesen werden, bevor man sie zu verhindern trachtet.

Insgesamt ergibt sich das Bild einer Kultur, die ein hohes Maß an Wohlstand und Freiheit erreicht, aber damit nur wenige wirklich glücklich gemacht hat. Für viele überwiegen die *Unsicherheitsfaktoren*, seien sie auf das persönliche Schicksal oder die globale Entwicklung bezogen: Angst und Krisenbewußtsein sind allgegenwärtig. Moderne Propheten verstehen dieses Lebensgefühl anzusprechen und zu deuten – als „Krise". Eine Krise, das ist keine ausweglose Situation, sondern eine, die nach Unterscheidung, nach Entscheidung, nach einem neuen Lebensweg drängt. Veränderung, Umkehr, Bewußtseinswandel tue not.

Marx hat Feuerbach mit der vielzitierten Aussage kritisiert, die Philosophen hätten die Welt nur verschieden interpretiert, nun gelte es, sie zu verändern.[41] Heute jedoch müsse man sagen: Der moderne Fortschritt hat die Welt lange genug verändert; nun gilt es, sie zu bewahren. Nicht mehr ein Mehr an Wohlstandsgütern sei nötig, sondern die Suche nach „Lebensqualität". Eine „Rückkehr zum menschlichen Maß" sei gefordert (Schumacher); gegen die „Innenweltzerstörung" sei eine neue „Bewußtseinskultur" zu suchen (Frankl). „System und Lebenswelt" müßten wieder zueinanderfinden (Habermas), Kompetenz solle die bloße „Legitimität der Mächtigen" ersetzen (Wilber); an die Stelle eines nicht realisierbaren Verursacherprinzips solle das „Prinzip Verantwortung" treten (Jonas). Alles zusammengenommen: Es geht nicht um geringfügige Änderungen, sondern um einen *fundamentalen Umkehrprozeß* gesellschaftlicher Prinzipien.

Damit ist möglicherweise das *Projekt der Moderne* insgesamt in Frage gestellt. Befinden wir uns mit der Hinwendung zu den neuen Werten und der fundamentalen Kritik an den lebensbedrohlichen Widersprüchlichkeiten moderner Handlungsfolgen nicht bereits in einer neuen Epoche? Oder sind es Kennzeichen dafür, daß sich die Moderne in vollem Umfang durchzusetzen beginnt? Auf dem Hintergrund dieser Fragen bewegt sich die kulturphilosophische Postmoderne-Diskussion.

Der Ausgangspunkt der *Moderne-Postmoderne-Debatte* liegt in der Literaturdiskussion in den Vereinigten Staaten der 60er Jahre. Man beobachtete einerseits einen künstlerischen Qualitätsverlust im Zuge von Studenten- und Anarchowelle, von Happenings und Straßentheater, Flugblatt und Graffiti. Andererseits sah man darin eine Verbindung von Elite- und Massenkultur, wie sie seitdem in Fernsehfilm und Werbespot, in Kaufhausarchitektur und Wohnungsbau gängig ist – als alltagskulturell genutzte Vielfalt und Mischung von Symbolen, Formen und Stilen.

Erstaunlich ist, daß die philosophische Auseinandersetzung mit dieser Idee erst relativ spät einsetzte. 1979 stellte Jean-François Lyotard in der Gelegenheitsarbeit „La condition postmoderne"[42] erstmals die Frage, was das Kennzeichen dessen sei, was sich in Kunst und Kommunikation, in Gesellschaft und Wissenschaft vorgeblich als neu etabliere. Er kommt zu dem Schluß, daß die Ansätze, die die Krise der Moderne und die katastrophalen Folgen ihrer Ideen anklagen, als anti- oder spätmodern zu klassifizieren seien. Denn sie seien nach wie vor durch die Vorstellung bestimmt, es handle sich bei der Moderne um eine einheitliche gesellschaftliche Weltdeutung und Zukunftsvision. Etwas Neues werde aber erst dort sichtbar, wo universalistische Lösungen als solche überwunden sind. Postmodernes Denken wäre dadurch gekennzeichnet, daß es konsequent für eine Pluralität von Orientierungen eintritt – für eine Vielzahl von eigenständigen, irreduziblen und heteromorphen Lebens-, Wissens- und Handlungsformen.

Die Problematik eines solchen Ansatzes liegt auf der Hand: Wenn der *Pluralismus zum Programm* wird, es also keine gemeinsamen Orientierungen mehr gibt, wenn alles „gleich gültig" ist, wird dann nicht alles „gleich-gültig", wertneutral und damit wertlos, der Beliebigkeit und dem Faustrecht des Mächtigeren überlassen? Werden damit nicht die Errungenschaften der Moderne, Aufklärung und kritisches Bewußtsein, leichtfertig geopfert? Ist es da nicht besser, wenn man die Lösungen für die Krisen der Moderne in den Mitteln der Moderne sucht? Wenn die Moderne den Fortschritt und damit die Legitimität und Notwendigkeit stetigen Wandels zum Programm gemacht hat, ist dann nicht die Krise ein notwendiges Moment an der Moderne?

In diese Richtung argumentiert Jürgen Habermas, der 1980 in seiner Adorno-Preis-Rede den Angriff auf das Konzept der Postmoderne eröffnet hat.[43] Für ihn ist die Postmoderne kein neuer, sondern ein konservativer Ansatz, der sich durch seine Zitate als Historismus entlarvt. Statt den Moderne-Begriff so eng zu fassen, daß das Gros ihrer Aspekte als un-, vor-, anti- oder postmodern zu qualifizieren ist, sollte man unterschiedliche Moderne-Begriffe und Wertschätzungen ihrer Errungenschaften zulassen. Einer überzogenen Differenzierung, der „neuen Unübersichtlichkeit"[44] der Postmoderne, setzt er eine Art Kreislauftherapie der Moderne entgegen. Er fordert eine Kommunikation unter den Vernunftmodellen, die im Spezialistendenken immer mehr auseinanderlaufen, durch eine Rückkoppelung von Experten- und Alltagswissen. Das könne die Krisen der Moderne überwinden, indem neue Ordnungen des *Zueinander von Lebenswelt und System* entwickelt würden.

Auch nach Habermas sind wir also mit pluralistischen Werthaltungen konfrontiert. Die Postmoderne-Diskussion dreht sich um die Frage, ob dieser Pluralismus der Moderne immanent ist oder schon ihre Überwindung bedeutet. Dabei werden Bedrohung und Chancen unterschiedlich angesetzt: Nach den einen krankt die Moderne an der *Totalisierung des Fortschrittsgedankens,* was durch eine Legitimierung und Optimierung des Pluralismus zu beheben wäre. Die anderen sehen das Übel in der *Sinnlosigkeit durch Überdifferenzierung* und postulieren eine neue Ganzheitlichkeit. Die letzte Option wird philosophisch in der vornehmlich katholischen Spaemann-Schule vertreten und findet sich in den NRK, in Gnostizismus, Holismus, Interdisziplinarität und New Age.

Obwohl damit die philosophische Postmoderne-Diskussion nur angerissen ist, sind die unterschiedlichen Interessenlagen deutlich. Sieht man (wie Habermas) aufgeklärte Vernunft und gesellschaftskritisches Bewußtsein als Maßstab und Gipfelpunkt der Moderne an, dann sind Intuition und Gefühl, Mythos und Glaube vormodern und konservativ. Und deshalb sind es auch die Postmoderne, die NRK und die Kirchen (zumindest außerhalb befreiungstheologischer Praxis). Kennzeichnet man (wie die Nouvelle Philosophie) die Moderne durch totalitäre Gesellschaftsutopien und Fortschrittsmythen, dann kann uns nur die postmoderne Überwindung der säkularen modernen Hybris, die Allmacht des rationalistischen Subjekts, aus der Krise führen.

Eine Lösung dieses Dilemmas zeichnet sich ab, wenn man die Moderne nicht inhaltlich, sondern strukturell beschreibt. So kennzeichnet Franz Xaver Kaufmann die Moderne durch das *Prinzip des stetigen Wandels.* Dann sind die Krisenerscheinungen (und daß sie als solche erkannt werden) ebenso wie die als postmodern klassifizierten Phänomene „immanente

Strukturprinzipien der Moderne"; und wir erleben heute nicht den Übergang zu einer neuen Epoche, sondern höchstens einen „Drehpunkt" der alten. Gerade in einer solchen Welt ständigen Wandels braucht es nach Kaufmann aber die *Metaphysik als Ruhe- und Angelpunkt,* um nicht an der Unübersichtlichkeit zu scheitern.[45] Gerade wer die Moderne ernst nimmt, muß also die Postmoderne wollen; zwar nicht als Überwindung der Moderne, aber zu ihrer gedeihlichen Weiterentwicklung.

Die *Postmoderne-Diskussion* hat also erbracht:
- Erstens: Die gegenwärtigen gesellschaftlichen Verunsicherungen sind nicht bloß zufällig auftretende Phänomene, sondern deuten auf eine Krise, in die die Prinzipien der Moderne geraten sind.
- Zweitens: Die Moderne wird philosophisch durch zwei gegensätzliche Grundgedanken beschrieben: durch die Totalisierung des Fortschrittsgedankens einerseits, die Legitimierung des Pluralismus andererseits.
- Drittens: Die Krise erfordert einen grundlegenden Wandel: nach dem ersten Konzept eine postmoderne Überwindung der Moderne, nach dem zweiten ihre Optimierung durch weitgehende Differenzierungen.
- Viertens: Das Konzept der Postmoderne setzt eine neue (z. B. Ganzheits-)Ideologie als oberste Wahrheit an die Stelle der Fortschrittsideologie; damit verbunden sind die Gefahren fundamentalistischer Totalisierungen. Das Modell der Optimierung der Moderne sieht sich mit dem Problem konfrontiert, in welchem Metahorizont wenigstens die Gerechtigkeits-, wenn schon nicht die Wahrheitsfrage beantwortbar bleibt.

2. Eine Sehnsuchtsreligion

Wertewandel und Postmoderne bilden den gesellschaftlichen Horizont, innerhalb dessen sich die NRK einrichten. Sie präsentieren sich dabei als religiöse Bewegung. Ein kritischer

Blick von verschiedenen Seiten kann zeigen, inwiefern das stimmt. Er kommt von der Religionssoziologie, von Insidern der Szene und ihren kirchlichen Kritikern. Beide Blickwinkel – der beobachtende und der bewertende – sollen anschließend zur Sprache kommen.

2.1 EINE „NEUE RELIGIOSITÄT"

Die Religionssoziologie beginnt sich erst seit kurzem mit den NRK zu beschäftigen. Die größte Schwierigkeit liegt darin, daß sie so uneinheitlich und vielschichtig sind, daß man sie schwer in den Griff bekommen kann. Ein einheitlicher Blick auf das Gesamtphänomen ist kaum möglich. Die ersten Studien haben deshalb einerseits versucht, die NRK unter dem Blickwinkel der Sekte zu betrachten, und sich andererseits auf das Randphänomen des Okkultismus konzentriert.[46]

Die erste repräsentative Studie in der Bundesrepublik hat 1986 Gerhard Schmidtchen durchgeführt.[47] Sie handelt im Zusammenhang von Sekten und Jugendreligionen am Rande von etwas, was Schmidtchen *„Psycho- und Wohlbefindungsmarkt"* nennt. Er kommt zu dem Ergebnis, daß Rollenunsicherheit und Erlebnisdefizite jeden zweiten Erwachsenen für diesen Markt empfänglich machen. Sie sind bedingt durch eine Bildungskultur, die über dem Rationalen das Emotionale und in der Mobilität die persönliche Stabilität vernachlässigt. Betroffen sind vornehmlich jüngere und gebildete Personen mit liberaler und grüner politischer Einstellung. Sie werden von religiösen Sehnsüchten bewegt, die sie bei den großen christlichen Konfessionen nicht aufgehoben finden.

Die Verbindung zwischen dem Gedankengut des New Age und der christlichen, in den Kirchen verorteten Glaubenstradition ist auch in meiner Arbeit schon länger ein wichtiges Thema. Im Auftrag des Ludwig Boltzmann-Instituts für Präventiv- und Rehabilitationspsychologie im Jugendalter war es möglich, dieser Frage in einer Pilotstudie im Rahmen des katholischen Religionsunterrichtes nachzugehen.[48] Bemerkenswert war dabei, daß der *Kirchenbezug* der Jugendlichen mit dem Alter abnimmt, wohingegen das Interesse für die NRK erhalten bleibt. Eine maßgebliche Gruppe zeigte sich sowohl der Kirche als auch dem NRK-Gedankengut verbunden. Diese Jugendlichen waren jene, die das größte Interesse und Engagement zeigten, und zwar bezüglich kirchlichen Gruppen, sozialen und kulturellen Aktivitäten und politischem Denken.

Seit Mitte der 80er Jahre befaßte sich der Leiter der Abteilung für Psychologie und Grenzgebiete der Psychologie des Psychologischen Instituts der Universität Freiburg, Johannes Mischo, mit Fragen über den *Okkultismus* bei Jugendlichen und dessen mögliche Gefahren.[49] Er stellte fest, daß die Beschäftigung mit okkulten Phänomenen bei Jugendlichen weit verbreitet und ein Bereich der Identitätsfindung ist, über den sie das Gespräch mit Erwachsenen suchen. Neugierde ist das stärkste Motiv dafür, das zweitwichtigste sind Defizite an religiösen Sinn- und Erfahrungswelten. Unter jenen drei Gruppen, in die die befragten SchülerInnen einteilbar sind, sind jene 10 Prozent mit dem Okkultismus am stärksten beschäftigt, die auch die stärkste Religiosität in kirchlicher wie außerkirchlicher Weise mitbringen. Sie sind psychisch labil und daher besonders gefährdet. Neben einer Gruppe, die vor allem außergewöhnliche Erfahrungen sucht und mit dem Okkultismus spielerisch umgeht, gibt es schließlich die dritte und mit über 60 Prozent größte Gruppe derer, die um Okkultes weiß, ohne sich dafür weiter zu interessieren. Sie sind pragmatisch, zufrieden, psychisch stabil und weder an kirchlicher noch an alternativer Religiosität näher interessiert.

Ingo Mörth befragte Menschen, die sich am Markt der *„New-Age-Angebote"*, wie er sie bezeichnet, beteiligen; und zum Vergleich befragte er eine repräsentative Bevölkerungsgruppe.[50] Er wollte damit Elemente des New Age in ihrer konkreten Bedeutung für Alltag und Lebensführung abtesten. Die Verbreitung dieser Ideen geschieht nach Mörth nicht hauptsächlich über soziale Netze, sondern über einen Markt und die Medien. Das Gedankengut sei über den Szene-Markt hinaus so weit verbreitet, daß man daraus einen gesellschaftsweiten Wertewandel ablesen könne. Die New-Age-Szene sei darin „eher Etikett als Motor" dieses Wandels, zumal sich lediglich 4 Prozent der Bevölkerung längerfristig, aktiv und interessiert mit New Age befassen. Biographisch wird die Bedeutung des New Age für die persönliche Lebensführung dort am größten, wo individuelle Handlungsspielräume mit persönlicher Betroffenheit zusammengehen. Dann wird die Arbeit an sich selbst zentral, ethisch-moralische Verpflichtungen entstehen aber nicht notwendig, da die innerliche Vorbereitung auf die kosmische Entwicklung als vordringliche Aufgabe betrachtet wird. Insgesamt kann Mörth feststellen, daß die unter dem Sammelbegriff New Age entwickelten Themen, Thesen und Antworten mit religiösem Wissen vergleichbar seien und damit mindestens tendenziell die Funktion der lebensweltlich grundgelegten *Transzendenzbewältigung* erfüllten. Daher sei New Age als neue Religion zu verstehen.

In seine Umfrage zu Religion und Werten der Österreicher[51] hat Paul M. Zulehner auch den Bereich *Esoterik* aufgenommen. Demnach sind astrologische, parapsychologische und esoterische Ideen mäßig verbreitet, kosmischer Fatalismus oder Wassermann-Glaube gar nicht, Wendezeitbewußtsein und Interesse für Wahrnehmungen außerhalb verstandesgeleiteter Alltäglichkeit jedoch stark. Allerdings sind nur 4 Prozent von numinosen Erfahrungen betroffen, und nur 1 Prozent hält sie für religiös. Insgesamt zeigen sich religiöse Haltungen als *„Lebensreligion"*, die rituell gestaltet und lebensmäßig tragend ist, und als *„Erklärungsreligion"*, die kulturgestützt und von Verdunstung bedroht ist. Eine persönliche Religiosität als Lebensreligion unterstützt die verschiedenen Spielarten zeitgenössischen religiösen Kulturgutes und macht gleichzeitig solidarisch. Das stärkste gesellschaftliche Solidaritätspotential findet sich damit bei den Kirchlichen, gefolgt von den tendenziell transzendenzbezogenen, aber unreligiösen Grünen. Intensive Religiosität wird damit zu einem Minderheitenprogramm für 10 Prozent. Unsere Kultur kann folglich als *„postchristlich"* und *„posttranzendent"*, aber auch als *„postmaterialistisch"* und *„postautoritär"* angesehen werden.

Einen nochmals neuen Blickwinkel eröffnen die Daten der Fessel-Lebensstil-Studie[52], da sie auf die Erforschung des Verbraucherverhaltens statt auf religiöse Werthaltungen abzielt. Aus ihr ergibt sich, daß alternatives Denken und neue Werte nicht nach dem Alles-oder-nichts-Prinzip vorkommen, sondern sich so auf verschiedene *Werttypen* verteilen, daß sich für jeden Menschen mögliche Berührungspunkte zum Denken der NRK ergeben. In besonders hohem Maß trifft das für die 13 Prozent des „alternativen Kerns" zu, der aus jüngeren, gebildeten Menschen mehrheitlich weiblichen Geschlechts besteht und seinen Transzendenzbezug großteils außerhalb kirchlicher Religiosität kultiviert.

Insgesamt zeigt ein erster Blick auf soziologische Untersuchungen:

- Erstens handelt es sich bei den NRK um ein vielschichtiges Phänomen, das dem Religiösen nahe ist, jedoch eher als Markt denn als Sekte auftritt.
- Zweitens sind die NRK eine Reaktion auf Defizite an religiösen Sinn- und Erfahrungswelten, die man durch die Beschäftigung mit magischen, okkulten oder esoterischen Ideen und Praktiken auszugleichen sucht.
- Drittens ist intensive Beschäftigung im Sinne der NRK ein Minderheitenprogramm für etwa 4 Prozent (zum Vergleich: intensiv christlich-kirchlich sind 10 Prozent). Diese sind durch persönliche Betroffenheit in ihrer Weise religiös.
- Viertens sind die Themen der NRK Teil des gesellschaftlich weitaus verbreiteteren Wertewandels, zu dem jeder Werttyp gewisse Berührungspunkte aufweist und der sich in den 13 Prozent des „alternativen Kerns" konzentriert.
- Fünftens lassen sich damit kulturdiagnostisch vier Bereiche unterscheiden: eine Szene, die als „Gebrauchs- und Unterhaltungsesoterik", „Psychomarkt" oder „New Age" bezeichnet wird; ein Markt an Gedankengut, das die gesellschaftlichen „Post"-Einschätzungen ausmacht; ein „alternativer Kern", der die dort vertretenen Werthaltungen in alltagskulturelle und gesellschaftspolitische Lebensformen zu übersetzen trachtet; und schließlich der

Umstand, daß die Weitläufigkeit des Gedankengutes im Sinne des „Wertewandels" Berührungspunkte zu allen Werttypen aufweist.

2.2 Die vermarktete Sehnsucht

Betrachtet man die Szene der NRK näher, trifft man auf Kritik von allen Seiten: von den Kunden, den Anbietern, den Theoretikern der NRK und den Beobachtern der Kirchen. Die Rede ist von „Modeerscheinung" und „schillerndem Optimismusangebot", von „Fälschungen" und „plumpem Betrug", von „autoritärem Gurutrip" und „geistigem Faschismus", von „Pop-Mystik" und „übernatürlichem Amüsement". Dieser *skeptischen Haltung* entspricht, daß in der Szene aktive Personen als „Esoteriker" oder „Astrologin", „Priesterin" oder „Schamane", aber nicht als „New-Ager" bezeichnet werden wollen. Von diesem Begriff distanziert sich selbst Fritjof Capra, anfangs einer der wichtigsten New-Age-Autoren. Jeder trachtet danach, sich angesichts der Vielfalt des Gebotenen von dem Humbug abzugrenzen, der darin auch anzutreffen ist.

Reinhart Hummel hat in diesem Zusammenhang von einer „locker organisierten Do-it-yourself-Form praktischer Religion mit kommerziellen Zügen"[53] gesprochen, von einer „Konsumstruktur" in einem „Bereich, der früher in die Zuständigkeit der Kirchen fiel".[54] Hans-Joachim Höhn hat dazu in einer vielbeachteten Glosse über die „City-Religion" den Begriff einer „Passantenmentalität" geprägt.[55] Diesem zentralen Vorwurf an die NRK, sie wären insofern religiös, als sie *religiöse Sehnsüchte vermarkten*, ist näher nachzugehen. Es ist also zu prüfen, ob die Einschätzung als ein religiöser „Markt" stimmig ist und wenn ja, welche Implikationen das hat.

Ein Markt ist der Ort, wo *Produzenten und Händler* über ihre Waren mit den Kunden in Kontakt kommen. In dieser Hinsicht gibt es in der Szene Produzenten von Requisiten und Veranstaltungen. Dann gibt es Händler, die weiterverkaufen, was sie selbst gekauft und gelernt haben. Sie beziehen sich dabei gern auf Altehrwürdiges und geben ihren Waren damit den Wert von Antiquitäten. Daß es sich dabei um ein dem modernen Geschmack angepaßtes und dazu oft billiges Remake handelt, wird von Käufern und Kunden in stillem Einverständnis übergangen.

Die *Kunden* zeigen sich als geübte Konsumenten. Sie informieren sich durch Werbung und Mundpropaganda über die Produkte, probieren das eine oder andere aus und entscheiden nach dem momentanen Geschmack ohne viel Produkttreue. Im Gegenteil wird jede Neuerung gern angenommen, selbstverständlich auf eigenes Risiko: Es gibt keine Garantie für die Einlösung angepriesener Vorzüge, keine Produkthaftung für auftretende Mängel und keine Rücknahmegarantie: Wem ein Kurs nicht gefällt, der kann jederzeit gehen; bezahlt wird vorher.

Eine *Gegenprobe* erhärtet die Einschätzung der Szene als Markt:

– Wäre sie eine neue Art von *Kirche oder Sekte*, so bräuchte sie eine straffe Organisation, klare Rollen- und Aufgabenverteilungen, verbindliche Inhalte und Mitgliedschaften – all das ist nicht vorhanden.

– Handelte es sich bei den NRK um *konspirative Gruppen*, die eine Weltverschwörung vorbereiten oder durchführen, bräuchten sie eine straffe Organisation, hartes Training, beträchtliche Machtmittel, und sie müßten ihre Ziele geheimhalten. Im Gegensatz dazu verbreitet die Szene ihre Ziele einer „sanften Revolution" durch „Änderung des Bewußtseins", nutzt dabei aber kaum die Mittel struktureller Macht. Dazu kommt, daß eine Weltrevolution durch Bewußtseinsveränderung höchst utopisch anmutet, betrachtet man die reale Armseligkeit von Wirtschaft und Bildung in weiten Teilen der Welt.

– Schließlich sind die NRK auch nicht insgesamt eine „*Bewegung*", weil sie nicht an charismatischen Führerpersönlichkeiten oder gemeinsamen politischen Zielen orientiert sind – einzelne Segmente der Frauen-, Friedens-, Öko- und Bürgerbeteiligungs-„Bewegung" ausgenommen.

In einem marktwirtschaftlichen Ordnungsgefüge regeln *Angebot und Nachfrage* sich über die Preisbildung gegenseitig, unterstützt durch Information über Produktangebote (Werbung) und Kaufinteressen (Marktforschung). Das scheint auch in der Szene der Fall zu sein: Die Nachfrage bestimmt das Angebot inhaltlich weitgehend. Die Anbieter, nach marktwirtschaftlichen Prinzipien gleichermaßen Konsumenten wie Produktivkräfte, kennen das nachgefragte Lebensgefühl aus eigener Erfahrung und wissen daher, was „ankommt". Ihre Produkte sind dadurch konsumentenfreundlich, ihr Verkaufserfolg durch die persönliche Begeisterung garantiert. In dieser „Zeugenschaft" sind sie kirchlichen Angeboten ähnlich. Eher erfahren die Leute in der Kirche mehr bürokratische oder ideologische Interesselosigkeit als in der Szene.

Die oft hohen *Preise* werden von den Käufern gern bezahlt. Sie richten sich aus alltäglicher Erfahrung danach, daß der Verkaufswert eines Produktes wenig mit den Gestehungskosten und dem Gebrauchswert zusammenhängt. Gerade bei den Modeprodukten, die man sich als alltäglichen Luxus leistet, zahlt man für den Prestige- und Emotionswert. Und einen hohen Emotions-, Verheißungs- und Erwartungswert haben die Angebote der religiösen Szene allemal. Oft scheint schon die Erfahrung den Preis zu rechtfertigen, daß es heutzutage noch Verheißungen gibt und Leute, die an ihre Erfüllung glauben.

Daß die *Qualität* der Produkte generell die durch die Werbung geweckten Hoffnungen bei weitem nicht abdeckt, ist man ebenfalls gewöhnt. Die Folge davon ist die Lebenshaltung des Konsumismus: Die Bedürfnisse befriedigen, bevor man merkt, daß sie tiefer gehen; den schnellen Genuß wiederholen, bevor der schale Nachgeschmack kommt; das Verbrauchte wegwerfen, bevor die substanzlose Oberfläche Kratzer zeigt. Das Einweg-Produkt wird marktbeherrschend, auch in der religiösen Szene.

Strukturelle Voraussetzung für den freien Markt sind Gewerbe- und Vertragsfreiheit, freie Wahl des Berufs und des Arbeitsplatzes, freier Wettbewerb und privater Besitz an Produktionsmitteln. Solch *frühkapitalistische Verhältnisse* prägen auch die New-Age-Szene: Jeder kann sich eine professionell klingende Berufsbezeichnung zulegen, ohne einen Qualifikationsnachweis erbringen zu müssen. Jede kann anbieten, was und zu welchen Bedingungen sie möchte. Sie schafft sich ihren Arbeitsplatz damit in der Regel selbst, stellt Bücher, Requisiten, Werbematerialien und Kursräumlichkeiten aus privatem Besitz- oder Mietverhältnissen bereit und ist dem freien Wettbewerb unterworfen.

Marktwirtschaftliche Verhältnisse ziehen *Wachstum und Fortschritt* nach sich und funktionieren so lange, als die gesellschaftlichen Bedingungen eine Aufbauwirtschaft begünstigen. Daher müßte sich das Wirtschaftskonzept in seinen bestimmenden Grundlagen ändern, sobald es zu einem krisenbedingten Bruch des Fortschrittsoptimismus und der ökologisch orientierten Infragestellung der Wachstumsideologie kommt. Nun beobachten wir, daß es statt dessen – trotz aller gegenteiligen Beteuerungen – zu einer inhaltlichen Verlagerung des Fortschrittsoptimismus auf den Sinnfindungsbereich kommt. Das eröffnet eine Wachstumsbranche frühkapitalistischen Zuschnitts, zumal der Neuheitseffekt manches Unbehagen überdeckt und der Schwung des Anfangs erste Schwierigkeiten überdauern hilft.

Die Theorie der Marktwirtschaft erwartet vom *freien Wettbewerb*, gepaart mit dem Wunsch der einzelnen nach persönlichem Vorteil, den höchstmöglichen Wohlstand für alle. Wie sehr der Wunsch nach persönlichem Vorteil die religiöse Szene prägt, wird am Begriff der „Lebensqualität" deutlich. Dabei kann man weder den Anbietern noch den Käufern unterstellen, das eigene Glück auf Kosten anderer zu suchen. Am Markt der Sinngüter ist noch bei weitem Platz für alle und alles. Und der Konsument braucht für seinen Erfolg und Vorteil nicht andere zu übertrumpfen. Er sucht nach dem, was seinem persönlichen Gefühl entspricht, was seine Erfahrungen bereichert, was ihm etwas gibt. Ist das friedlicher Interessenausgleich und ein paradiesisches „Jedem das Seine" oder bloß ein „hedonistischer Egotrip"? Zudem ist die propagierte Wahlfreiheit in der Praxis eine Fiktion, weil sie Information, Transparenz und Überblick voraussetzt. Da aber weder Inhalt noch tatsächlicher Nutzen im vorhinein bekannt sind, kauft man wie eine Versandhauskundin auf Verdacht.

Es steht zu hoffen, daß das Produkt irgendwie passen wird – Rückgaberecht ausgeschlossen.

Eine marktwirtschaftliche Ordnung wird durch hohe *Produktivität*, gut geschultes Personal, hohe Massenkaufkraft und viel Freizeit getragen. Wie produktiv die Szene ist, stellen alle Beobachter fest – erfreut, kopfschüttelnd oder geängstigt. Bei der großen Nachfrage und gleichzeitigen Ahnungslosigkeit in geistlichen Dingen erscheint man auch schnell kompetent. Zwei oder drei Bücher und einige Kurse, das richtige Feeling und eine gute Verkaufspsychologie reichen vorerst an Kompetenz. Schwierig ist es vor allem, sich dauerhaft auf dem schnellebigen Markt durchzusetzen. Eine ausreichende Massenkaufkraft ist gegeben. Die angezielten Personen haben auch genügend Freizeit und zudem die unterhaltungs- oder sportbezogene Freizeitindustrie eingermaßen satt. Allerdings darf nicht übersehen werden, daß nicht nur der Marktanteil der NRK von der Freizeitgesellschaft profitiert, sondern ebenso die Bürgerinitiativen und Basisbewegungen, die Selbsthilfegruppen und Alternativprojekte, die kirchlichen Basisgemeinden und ein vielfältiges Pfarrleben.

Ein Wirtschaftssystem ist zugleich eine Ordnung des sozialen Lebens. Damit vom Markt nicht die Starken übermäßig profitieren und die Schwachen auf der Strecke bleiben, versucht eine „soziale Marktwirtschaft" jenseits des Marktes einen *sozialen Ausgleich* zu schaffen. Damit ist es in der Szene nicht weit her. Einerseits erreicht die propagierte weltweite Bewußtseinstransformation – abgesehen von der inhaltlichen Problematik dieser Vision – auch in den reichen und verschulten westlichen Industrienationen nur eine kleine Minderheit. Der Großteil hat dafür kein Geld, keine Zeit oder kein Verständnis. Andererseits sind von der Selbsterfahrung und Bewußtseinsentwicklung die Labilen und Heilungsbedürftigen in der Regel ausgeschlossen, weil sie einen reibungslosen Kursbetrieb stören würden. Es profitieren die Gesunden und Starken – von Sozialausgleich ist keine Spur.

Letztlich wird ein Markt durch *Machtkonzentrationen* gestört, die das freie Spiel von Angebot und Nachfrage beeinträchtigen. Solches wird den Kirchen vorgeworfen. Sie hätten religiöses Gedankengut – Gnosis, Astrologie, Magie, schamanische Weisheit, Reinkarnationsglaube – aus klerikalem Machtinteresse aus ihrer Tradition eliminiert. Damit wurde immer größeren Personengruppen die Nähe zum Heiligen verweigert: den Frauen, den Ungebildeten, den Nicht-Zölibatären, den Laien. Man hätte sich dazu mit den Mächtigen auf das Prinzip der Staatsreligion geeinigt und andere Religionen als Teufelswerk verfolgt. Seit der Aufklärung würden diese Verhältnisse nach und nach aufgebrochen; das würde heute endlich den freien Markt religiöser Sinngüter ermöglichen, wo jede das finden kann, was sie braucht.

Insgesamt zeigt sich damit:
- Erstens, daß mindestens ein Teil der NRK als frühkapitalistischer Markt organisiert ist, auf dem spirituelle Sinngebung und religiöse Riten gehandelt werden.
- Zweitens steht die Qualität des Gehandelten in keinem Verhältnis zu den Verheißungen, die damit verbunden sind – was die Kunden bereit sind hinzunehmen, weil wenigstens ihre Sehnsucht gut aufgehoben scheint.
- Drittens wird das Ziel durch Verkäufer garantiert, die aus eigener Begeisterung und auf eigenes Risiko tätig sind und daher zu glaubhaften Zeugen werden.
- Viertens kann dieser Markt bestehen, weil im Wohlstand einer Freizeitgesellschaft viele Leute genug Zeit und Geld dafür haben. Manches verkommt darin zum hedonistischen Egotrip, von dem nur die Starken profitieren.
- Fünftens sind die Voraussetzungen des Marktes – spirituelle Defizite, personal glaubhafte Anbieter, die Sehnsüchte aufgreifende Themen, ausreichend Bildung, Zeit und Geld – nur in den reichen westlichen Industrienationen gegeben, was die erstrebte „sanfte Weltrevolution" unrealistisch macht.
- Sechstens insgesamt entspricht die Struktur der NRK-Szene einem Markt, nicht aber einer Sekte oder einer Bewegung. Die Tatsache, daß die Kirchen – in der Begrifflichkeit des Marktes – bisher ein Monopol auf religiöses Wissen und Tun hatten, das damit zum vorgeblichen

87

Nutzen vieler gebrochen wird, dient ihm als Rechtfertigung.

2.3 Über die „religiösen Leistungen"

Die NRK werden also ganz selbstverständlich als religiöses Phänomen eingestuft. Es ist deshalb zu fragen, was unter „religiös" zu verstehen ist. Historisch entsteht ein *Religionsbegriff* dort, wo das Christliche nicht mehr die selbstverständliche Form ist, wie in einer Gesellschaft Gott gesehen wird. Als die mittelalterliche Christenheit in Konfessionen zerbrach und die Aufklärung ihnen kritisch begegnete, entstand jene Vorstellung von Religion, die man dann auch auf andere Kulturen übertrug. Eine funktionalistische Religionssoziologie konnte schließlich die Frage auf die Kulturleistungen des Religiösen zuspitzen. Wo also danach gefragt werden kann, wozu das Religiöse eigentlich dienlich sei, hat das Christliche längst aufgehört, den gesellschaftlichen Alltag zu prägen.

Was immer man unter diesen Voraussetzungen als Kennzeichen für Religion angibt – die Unterscheidung von heilig und profan, die Erfahrung des Heiligen als Faszinosum und Tremendum, die Kultivierung von Schuldgefühlen, die Lebensproblematik persönlicher Identität, die Frage nach dem Sinn –, man bleibt damit einerseits dem christlichen Kulturkreis verhaftet. Andererseits bekommt man gerade das nicht in den Blick, was die *unterscheidend christliche Kulturleistung* ist, nämlich drei Dimensionen zusammenzusehen:

- erstens, daß Gott der Welt zuinnerst verbunden ist und doch der ganz Andere bleibt,
- zweitens, daß die Würde der Person durch nichts zu relativieren ist und gleichzeitig die Verantwortung für das Gemeinwohl voll gewahrt bleibt,
- drittens, daß das Individuum letztlich nur seinem Gewissen verantwortlich ist, dessen Normen aber in der Schöpfung universale Geltung beanspruchen.

Aus christlicher Sicht läßt sich der Religionsbegriff also schwerlich inhaltlich füllen. Er ist eher Platzhalter für das, was Gott, Glaube und Kirche unter christentümlichen Ver-

hältnissen bedeutet haben können. Stellt man unter diesen Voraussetzungen die Frage nach den *„lebensdienlichen Kultureigenschaften"*, für die der Religionsbegriff steht, so kann man mit Franz Xaver Kaufmann sechs Dimensionen nennen:[56]
- Identitätsstiftung durch Affektbindung und Angstbewältigung;
- Handlungsführung durch Moral, Ritus und Magie;
- Kontingenzbewältigung durch Beantwortung oder Kompensation der Theodizeefrage;
- Sozialintegration durch Legitimierung der und Einbindung in die Gemeinschaft;
- Kosmisierung durch Eröffnung eines Deutungshorizonts, der Sinnlosigkeit und Chaos ausschließt;
- Weltdistanzierung durch Widerstandskraft gegen ungerechte und unmoralische Verhältnisse.

Unter modernen Bedingungen sind die Kirchen nicht mehr in jeder Hinsicht und für jeden dazu fähig, diese Funktionen zu übernehmen. Die so im Persönlichen entstehende *„Leerstelle Religion"* ist in gesellschaftlicher Hinsicht faktisch nach wie vor von den Kirchen besetzt. Im persönlichen Bereich erwacht hingegen ein Interesse an religiösen Inhalten, die in den NRK explizit abgedeckt werden. Allerdings ist – jedenfalls nach der Einschätzung Kaufmanns – nicht einsichtig, welche der Kulturfunktionen des Religiösen die NRK tatsächlich, und nicht nur vorgeblich, ausfüllen. Insofern wäre unsere These von einer „Sehnsuchtsreligion" erhärtet. Diese in den NRK verortete religiöse Sehnsucht im Verhältnis zur persönlichen „Leerstelle Religion" im Kontext der Kirchen soll nun entlang der sechs Kulturleistungen des Religiösen (nach Kaufmann) näher betrachtet werden.

„Identitätsstiftung" nennt Kaufmann die erste Leistung der Religion. Sie ist für den modernen Menschen ein wichtiges Thema. Wer so viele Möglichkeiten hat, tut sich schwer, sich für etwas durchgängig Lebensbestimmendes zu entscheiden. Schwache Persönlichkeiten, „modische Identitäten", Orientierungslosigkeit und das verschwommene Angstgefühl des No-future sind Kennzeichen einer pluralistischen Gesellschaft, in der es mehr Freiheit gibt, als den meisten guttut. Es

sind also Orientierungspunkte nötig, die nur stabile weltanschauliche Richtungen oder Gruppen bieten können. Sich an sie zu binden, schafft aber über ein gewisses Maß hinaus Abhängigkeiten, die eine Identitätsbildung ebenfalls verhindern. Die Psychopathologie kennt sowohl das zwanghafte Sicherheitsstreben als auch die hysterische Freiheitssucht; und beide lassen sich religiös legitimieren.[57] Identitätsstiftung bleibt eine Gratwanderung zwischen Bindung und Freiheit, zwischen Annahme und Distanzierung, zwischen Abhängigkeit und Eigenständigkeit, zwischen Sicherheit und Entwicklungschance.

Für den modernen Menschen heißt die Frage der Identitätsbildung im Horizont des Religiösen vor allem: Wie lassen sich *Freiheit und Treue* vereinbaren? Die eher Freiheitsbewußten verdächtigen die Kirche, durch legalistische Treueverpflichtungen die freie Entwicklung der Persönlichkeit zu behindern. Den NRK wird vorgeworfen, in gewissen Bereichen eine Art Gurubewegung zu sein, die von neuen geistlichen Führern – wenigstens ideell – abhängig macht. Die eher Sicherheitsbezogenen in der Kirche wiederum sehen in den neuen religiösen Kulturansätzen innerhalb wie außerhalb der Kirche die Relativierung aller Grundwerte und damit eine Bedrohung ihrer gläubigen Identität.

Mit der Identitätsstiftung eng verbunden ist zweitens die Frage der *„Kontingenzbewältigung"*: Wie gestaltet man ein Leben im Schatten von Leid, Not und Tod, von Schicksal, Unrecht und Machtlosigkeit? Eine erfolgsbezogene Gesellschaft hat diese Fragen verdrängt, an Caritas, Krankenhäuser und Altenheime delegiert, durch Versicherungen und Protektionsmechanismen symbolisch aufgefangen. Trotzdem bleiben niemandem die Schattenseiten des Lebens erspart. Die NRK haben die Tabuisierung durchbrochen und Schicksal, Leid und Tod wieder zu einem öffentlichen Thema werden lassen. Konkrete Wege und Hilfen für den Alltag und Antworten aus psychologischen Erkenntnissen und religiösen Sinnhorizonten werden angeboten.

Die Szene trifft erstens der Vorwurf, die *Schicksalsfrage* durch allerhand psychologische oder astrologische Hilfen eher zu vernebeln als zu lösen. Zweitens würden verschiedene esoterische Deutungskonzepte das Schicksalhafte des menschlichen Lebens verharmlosen oder verschieben. Verharmlosend ist, wenn man alles Schwere allzuschnell und einfach als Chance darstellt. Verschoben wird das Problem in den Konzepten der Reinkarnation, die die Frage nach der letzten Bestimmung des Menschen und der Unwegsamkeiten bis dorthin nicht lösen, sondern nur vertagen können.

Die Deutungshorizonte für das Schicksal verweisen auf die dritte Leistung des Religiösen, die *„Kosmisierung"*. Es liegt im Wesen des Menschen, daß er sich seinen Reim auf die Dinge machen muß. Er kann auf die Dauer nicht leben auf dem bunten Boden der vielen Arbeitshypothesen, die gleichrangig das moderne Leben bestimmen. Das Denken braucht eine Verankerung in einem gültigen Verstehenszusammenhang, damit man neue Erfahrungen einordnen und für sich eine Rangordnung der Wichtigkeiten des Lebens festlegen kann. Die weitverbreitete Unfähigkeit zu einer solchen „Hierarchisierung des Bewußtseins" führt zum praktischen Nihilismus: Alles ist gleich gültig und damit gleichgültig, nichts ist wirklich bedeutsam. Da Entscheidungen so nicht möglich sind, lebt man opportunistisch angepaßt, Mitgefühl und Engagement gehen verloren.

Die NRK lösen die Not moderner Kosmisierungsprobleme durch Anleihen bei esoterischen, fernöstlichen und sonstigen mystischen Traditionen. Zur Einheit verschmolzen werden sie durch den Ansatz der „Ganzheitlichkeit": Vernetzt denken, das Ganze sehen, die Widersprüche integrieren, heißt die Lösung. Je trivialer der Ansatz, desto mehr gewinnt man den Eindruck, daß so der Fortschrittsglaube auf den geistlichen Bereich verschoben wird. In der späten Wiederaufbauzeit war ja die Überzeugung bestimmend, man werde durch technische Lösungen bald alle Wünsche erfüllen und alle Ziele erreichen können. Dieser Göttlichkeitswahn angesichts krisenhafter Technikfolgen wird nun teilweise auf die *Ganzheitsideologie* übertragen. Das Paradies auf Erden soll nun durch ein gewandeltes Bewußtsein und mittels alternativer

Wissenschaft erreichbar werden. Die Haltung der Bibel ist da realistischer: „Stückwerk ist unser Erkennen" (1 Kor 13,9) – alles andere ist naiv oder vermessen.

Andererseits ist zu betonen, daß eine technokratische Weltgestaltung, die das Lebendige wie eine Maschine behandelt, zu Recht durch einen Ansatz der Ganzheitlichkeit kritisiert wird. Die Szene hat in Anbetracht des Ernstes solcher Kritik jedoch oft nur marginale *„Kleinmythen"* zu bieten. Ihre Kosmisierungsversuche sind in keiner Weise moderner oder objektiv richtiger als die kirchlichen. Hier wie dort gibt es Schöpfungsmythen, Geschichtsmythen und Erlösungsmythen. Warum sollte ein moderner Mensch an Urknall und Atlantis, die Raumfahrergötter und die UFOs, an Karma und Wiedergeburt, an Wassermann und Wendezeit leichter glauben können als an das göttliche Schöpfungswerk, den Sündenfall, die Bundesschlüsse und die Erwählung Israels, den Messias, die Erlösung in Jesus Christus, seine Anwesenheit im Geist, seine Wiederkunft, das Jüngste Gericht und das Ende der Zeiten?

Viele distanzieren sich daher auch mit dem Hinweis auf ihre intellektuellen Ansprüche von jeglichem „Mythendschungel". Sie bevorzugen die Vorstellung, es gebe eine das ganze Universum durchwaltende göttliche Energie. Gegenüber wissenschaftlichen Denkansprüchen könne eine solche Weltdeutung standhalten, was durch naturwissenschaftliche Analogien zu gesellschaftlichen und persönlichen Prozessen nachzuweisen sei. Damit gehen sie denkerisch vor wie andere Religionen auch: Sie versichern sich durch *allegorische Deutung* ihrer (wissenschaftlichen) Welterfahrung ihres zuvor gewonnenen Glaubens.[58] Dieser Umstand wird jedoch nicht aufgedeckt, weil in unserer Zeit philosophische Denkerfahrung wenig verbreitet ist.

Es ist daher ein Gebot der Stunde, das Zueinander von gesellschaftlichen Herausforderungen und gläubigen Sinnhorizonten philosophisch zu durchdringen. Die Kirche hat es bisher größtenteils versäumt, eine *christliche Kosmisierung moderner wissenschaftlich beschriebener Wirklichkeit* zu leisten. Zudem ist der noch erhaltene Volksglaube eher von mittelalterlicher Heiligenmagie als von biblischer Heilsgeschichte geprägt und somit den Mythen der NRK bedrohlich verwandt. Allerdings betreiben die NRK trotz ihres postmodernen Anspruchs, indem sie Esoterisches oder Naturwissenschaftliches aufgreifen, auch oft mehr eine Vermythisierung der Wirklichkeit statt eine einleuchtende Kosmisierung der modernen Welt.

Die vierte Leistung der Religion nennt Kaufmann *„Sozialintegration"*: Es geht darum, die gesellschaftliche Ordnung aus übergeordneten göttlichen Werten und Normen so zu begründen, daß sie nicht beliebig veränderbar ist. In säkularen Gesellschaften übernimmt diese Aufgabe eine „Zivilreligion". Der Traum eines humanen modernen Sozialstaates ist in die Krise geraten: Wie kann angesichts des modernen Individualismus jene Solidarität gefördert werden, ohne die nur das Recht des Stärkeren gilt? Wie müssen Berufs- und Familienrollen, Arbeitszeit- und Wohnbaukonzepte gestaltet werden, daß Frauen zu ihrem Recht kommen, ohne daß die Familie als Zelle der Gesellschaft zerstört wird? Wie können angesichts Wertverunsicherung und Orientierungslosigkeit die Jungen befähigt werden, eigenverantwortlich, kreativ und geduldig an einer gerechten, friedlichen und lebenswerten Welt zu bauen?

Die Antwort der NRK heißt *„Paradigmenwechsel"* und „Netzwerk". Viele ändern ihr Bewußtsein, durchlaufen eine Transformation und tilgen damit möglicherweise sogar das „schlechte Karma" für andere. Ist die „kritische Masse" erreicht, so kippt das System automatisch um zu einer neuen gerechten und paradiesischen Weltordnung im Zeichen des Wassermanns. Die behauptete Leistung der NRK ist demnach nicht Sozialintegration – durch Legitimation, Normierung und Tradierung gesellschaftlicher Verhältnisse –, sondern die grundlegende Umwandlung der gesellschaftlichen Strukturen durch ein neues Paradigma. Der Vorwurf an die Realität der Szene heißt dagegen: Wird da nicht die Ideologie eines hedonistischen Individualismus verbreitet, der keine Liebe, keine Rücksicht und keinen Verzicht um anderer willen kennt? Geschieht also statt einer Sozialintegration zu einem gedeihlichen Wandel bloß eine Entsolidarisierung im Namen einer frühkapitalistischen Do-it-yourself-Religion?

Dieser Vorwurf sieht allerdings nur eine Seite der NRK. Denn sie vereinen gerade jene Leute, die sich den Fragen der Zeit mit Engagement und Problembewußtsein nähern. Das Wissen um gesellschaftliche Machtstrukturen läßt sie dabei in vielen Belangen mehr auf basisdemokratische als auf parteipolitische Vorgänge setzen. Manchmal wird aus Zorn über die vorgeblichen Sachzwänge sogar eine „Öko-Diktatur" erwogen, also eine weisungsberechtigte Herrschaft jener, die die Welt durch Einsicht und Idealismus noch retten können. Auf der politischen Seite der Ganzheitlichkeitsideen droht also auch die Gefahr des *Totalitarismus*. Damit zeigen sich die NRK in der Frage der Sozialintegration besonders ambivalent: Je mehr eines ihrer Segmente um Selbstentfaltung besorgt ist, desto größer ist die Gefahr eines unsolidarischen Individualismus. Je politischer in einem Bereich die Lebensqualität angestrebt wird, desto höher ist das Solidaritätspotential, aber auch die Ideologiegefahr.

Die moderne Grundfrage der Sozialintegration ist demnach erstens, wie *Individualität und Solidarität* zusammengehen. Offenbar gelingt das, wo Religiosität und politisches Engagement zusammenkommen. Die Gefahr der Innerlichkeitsbewußten ist, daß sie die Machtfrage übersehen. Die Gefahr der Politischen liegt darin, daß sie ihre als gut und wahr erkannten Ziele notfalls mit Gewalt durchsetzen wollen – in den NRK wie in der Kirche. Zweitens geht es darum, kulturelle und religiöse *Werte* an die kommende Generation *weiterzugeben*. Den NRK ist das kein Thema, setzen sie doch auf einen grundlegenden Neuanfang. Die Kirche ist durch diese Frage massiv beunruhigt, was sich in der Diskussion um die Katechese („Weitergabe des Glaubens") und Verkündigung („Neu-Evangelisierung") niederschlägt.

Die fünfte wichtige Funktion von Religion ist *„Handlungsführung"*: Sie stellt Regeln bereit, wie Menschen rechtschaffen handeln und verantwortlich vor Gott stehen können. Dazu gehört eine entsprechende Grundhaltung, also eine Ethik, moralische Richtlinien, Riten und Kulte, die das weltliche

Handeln symbolisch in das göttliche Heil und Gericht einbinden. Die Handlungsführung der NRK geschieht durch die Attribute „öko", „bio", „sanft", „light" und „spirituell". Ein Markt bietet Produkte und Regeln für körperliches und seelisches Wohlergehen. Die Verantwortung gegenüber Menschen, Gott oder dem eigenen Gewissen konzentriert sich nicht selten auf das, was ich bin und sein kann. Eine solche Lebenshaltung kann reinster *Individualismus* sein; aber auch die oft hilflose Suche nach dem, wozu der Schöpfer mich bestimmt hat.

Der Verdacht gegenüber der Szene heißt nicht unberechtigt: Führt das neue Bewußtsein nicht bloß zu einem ewigen Kreisen um sich selbst? Schafft es statt verantwortlicher Handlungsführung nicht bloß Ignoranz gegenüber den tatsächlichen Problemen der Welt? Sind die Riten und Kulte nicht bloß magisches Brimborium, Spiel mit dem Geheimnisvoll-Erhabenen, ohne jede Ver-ant-wortung gegenüber jenem göttlichen Wort, das uns ins Sein ruft? Die moderne Grundfrage nach der Handlungsführung heißt demnach: Wie kann in einer an Erfolg und Konsum orientierten Kultur eine *lebensförderliche Moral* grundgelegt und in bestärkenden und vergewissernden Riten gefeiert werden? Den NRK ist dabei die Freude am Lebendigen besonders zentral. Sie müssen sich jedoch den Vorwurf gefallen lassen, darin teilweise wirkungslos zu sein.

Die sechste Funktion der Religion nach Franz Xaver Kaufmann schließlich ist die *„Weltdistanzierung"*. Im Namen eines Gottes gewinnen Menschen jene Freiheit, die sie zum Widerstand gegen Unrecht und Unmoral befähigt. Auch die Alternativkultur der NRK zeigt in Bürgerinitiativen, Öko-Aktionen und Neuer Wissenschaft sowohl kritische Distanz wie kreative Neuansätze in gesellschaftlichen Problemlagen. Allerdings ist gerade dieser Bereich von Personen bestimmt, die aus christlichen, marxistischen oder humanistischen Idealen handeln und sich vom Angebot der Szene vehement distanzieren. Dort trifft man nicht wenige, denen ihr alternatives Bewußtsein völlig genügt. Sie treten zwar verbal konsequent gegen die herrschenden Verhältnisse auf, die sie als Krise des alten Paradigmas deuten, leben aber zu ihrem eigenen Vorteil weitestgehend darin und davon.

Was kann also Weltdistanzierung in einer Konsumgesellschaft bedeuten? Im persönlichen Bereich wahrscheinlich *Askese*, verstanden als die *Kulturform des Wesentlichen*. Die NRK zeigen dazu vielfältige grundsätzliche Überlegungen sowie konkrete Programme der Lebensumgestaltung. Im öffentlichen Bereich geht es um eine Zivilcourage, wie sie diverse Bürgerinitiativen und Basisbewegungen zeichenhaft und wirksam vorleben. Die Glaubenskraft, die all das möglich macht, läßt in sich kaum Rückschlüsse auf die Glaubensinhalte zu. In wesentlichen Bereichen haben jedoch die Kirchen eine Vorreiterrolle, nicht die Szene der NRK.

Fassen wir zusammen. Wir haben uns mit der Frage beschäftigt, inwiefern die NRK als „religiös" anzusehen sind. Dazu können wir festhalten:

- Erstens füllen die NRK jene „Leerstelle Religion" aus, die in nachchristentümlichen Gesellschaften von den Kirchen unbesetzt bleibt. Der Mensch ist unheilbar religiös und übernimmt, wenn ihm der althergebrachte Glaube nichts mehr sagt, pseudoreligiöse Motive (z. B. in Ritus und Ekstase des Sports, im Mythos industrieller Kultgegenstände) oder quasireligiöse Inhalte (z. B. das Geheimnisvolle in Okkultismus und Magie, das Transzendenzgefühl in spirituellen Übungen). Die NRK zeigen also an, daß die Kirchen an gesellschaftlicher Bedeutung verloren haben, die Sehnsucht nach Religion aber weiterbesteht.
- Zweitens zeigt ein Durchblick durch die Leistungen des Religiösen, daß diese von den NRK teilweise eher angezeigt als befriedigt werden. Die Szene schafft dafür einen Markt, der auf frühkapitalistische Weise religiöse Sehnsüchte benennt und entsprechende Angebote macht. Diese sind für moderne Menschen auf der Suche nach dem Religiösen so angemessen, daß sie eine Zeitlang befriedigen können. Die große Vielfalt macht eine immer weitere Beschäftigung damit möglich, Religiöses wird konsumierbar wie andere industriell erzeugte Waren. Die

NRK benennen damit treffend die Defizite der Kirchen im Bereich der persönlichen Religiosität und werden so zum Etikett für die religiösen Sehnsüchte moderner Menschen.

- Drittens ist es mit der Qualität der Szene-Produkte oft nicht weit her. Die alternativen Kulturleistungen, die aus den Problemanzeigen an die moderne Welt erwachsen könnten, werden vor allem von denen erprobt, die nicht in der Szene, sondern in Basisbewegungen, Öko-Initiativen oder der Neuen Wissenschaft aktiv sind. Die NRK vereinen damit Menschen ganz unterschiedlicher weltanschaulicher Herkunft und Anschauung in dem Versuch, eine moderne und gleichzeitig die Lebensqualität für alle garantierende Kultur zu schaffen. Dazu gehören auch kirchlich gebundene oder dem Christlichen verbundene Personen, die nach Gestaltungsweisen und Ausdrucksformen ihres Glaubens unter eben diesen modernen Lebenskriterien – also gemäß Wertewandel und Postmoderne – suchen. Die NRK sind damit Ausdruck der Sehnsucht auch von Christen, postmodern zu leben und zu glauben.

- Viertens richten sich damit die NRK nicht gegen die Kirchen – trotz so mancher Kritik an ihnen. Ihr Gegenspieler ist der praktische Nihilismus mit seiner Ausbeuter- und Wegwerfmentalität, die Lebens- und Wirtschaftshaltung des gnadenlosen materiellen Nutzens ohne Rücksicht auf den Preis an Leben, die Konsumeinstellung des bedingungslosen und rastlosen Eigennutzes ohne Ehrfurcht und Stille. Die Sehnsucht der NRK richtet sich damit nicht zuletzt auf die Kirchen in der Hoffnung, sie mögen sich das Problembewußtsein der NRK zu eigen machen, an ihren Gestaltungsmustern etwas über Glauben in einer modernen Welt lernen und gemeinsam mit allen Menschen guten Willens an einer postmodernen Kultur arbeiten, in die sie die Kraft des Evangeliums und den langen Atem einer alten Tradition einbringen könnten.

3. Herausforderung für die Kirchen

Die NRK sind eine Entwicklung im Kontext von Werte-wandel und Postmoderne. Sie haben sich als „Sehnsuchts-religion" erwiesen, indem sie die religiöse Sehnsucht von Menschen einer nachchristentümlichen Kultur ausdrücken, sie in der Suche nach „Lebensqualität" ausgestalten, sich darin mit gläubigen Christen treffen, die nach Ausdrucksfor-men ihres Glaubens unter modernen Bedingungen suchen und die Sehnsucht nach einer Gestalt von Kirche zeigen, die einer menschen- und lebensverachtenden Ausbeuter- und Wegwerfmentalität die befreiende Kraft eines lebensfreund-lichen Gottes entgegenzusetzen weiß.

Die NRK sind also religiös, aber oft nicht in christlicher Weise. Sie greifen alle möglichen Ideen und Inhalte synkre-tistisch auf und bieten in einem Markt mehr eine Kultivie-rungsform der modernen Krise als Antworten auf sie. Bei dieser Suche nach persönlicher und gesellschaftlicher Lebens-qualität in spiritueller Durchdringung und politischer Verant-wortung ergeben sich fließende Grenzen zur Alternativkul-tur, die maßgeblich von ChristInnen getragen ist. *Wie gehen NRK und Christentum zusammen?* Diese Frage soll in drei Schritten überprüft werden:

1. durch einen Blick auf die *„Bezugsquellen"* der NRK;

2. anhand der kirchlichen *Einschätzung* in struktureller Hinsicht und an einigen zentralen inhaltlichen Themen;

3. über einen Blick auf das jenseits der synkretistischen Inhalte liegende *Grundmuster* der NRK.

3.1 ÜBER DIE BEZUGSQUELLEN

Es ist schon mehrfach angeklungen, daß die NRK eine Vielzahl an Traditionen, Quellen und Inhalten einbeziehen. Darunter sind archaische Quellen ohne durchgängige authen-tische Auslegungstraditionen; Auszüge aus dem Glaubensgut von Kirchen, Religionsgemeinschaften, Stammeskulturen und religiös-philosophischen Zirkeln; neuere Erkenntnisse der Natur- und Humanwissenschaften, allerhand alltägliche Lebenserfahrungen und -weisheiten. Nach welchen Kriterien sie ausgewählt und zusammengestellt sind, bleibt zunächst undurchschaubar. Im folgenden werden sie als „Bezugsquellen" dargestellt. Damit wird zum Ausdruck gebracht:

1. der Markt weist damit die (vorgebliche) Herkunft der Angebote aus;

2. im Sinne eines „Assoziatismus" ist damit bezeichnet, nicht primär *woher*, sondern *worauf* sich der Anbieter bezieht;

3. es ist damit verdeutlicht, daß die Weiternutzung nicht im Sinne des Erfinders oder des Tradenden liegen muß.

Daß man seine Inhalte aus „Bezugsquellen" bezieht und wie man mit ihnen umgeht, mag Grund zur Kritik sein. Andererseits darf man dabei nicht übersehen, daß neue gesellschaftsrelevante Strömungen – auch das Christentum – genauso entstanden sind: Sie hatten die Kraft, vorgefundene Traditionen in einen ganz neuen geistigen Zusammenhang zu stellen – auch gegen den Widerstand von deren autorisierten Vertretern.

Psychologisches

Der Wunsch nach Selbstbestimmung und Selbsterkenntnis wäre ohne psychologische Begriffe im Rahmen alltäglichen Denkens unvorstellbar; auch wenn es dabei oft Verkürzungen gibt. Eine unübersehbare Fülle an Ratgeber-Literatur unterschiedlichen Niveaus profitiert davon.

Dahinter steht häufig eine Bewegung (genannt „Human Potential Movement"), die sich aus der „dritten Schule der Psychologie", der *Humanistischen Psychologie*, entwickelt hat. Ihre namhaften Vertreter W. Reich, C. G. Jung, C. Rogers und A. Maslow gehen davon aus, daß das Unbewußte nicht bloß die Quelle aller Krankheit ist und daher ans Licht gebracht und verarbeitet werden muß, wie man bisher meinte. Vielmehr thematisiert C. G. Jung das kollektive Unbewußte der menschheitsalten Mythen, die als „Archetypen" das individuelle Bewußtsein bestimmen. Damit sind nicht mehr allein die Kranken Ziel therapeutischen Interesses. Alle Menschen könnten für ihre persönliche Entwicklung davon profitieren, wenn sie diese Kräfte des Unbewußten entwickeln. Ergänzt um den amerikanischen Optimismus, daß der Mensch von Grund auf gut sei, entstand eine ganze Bewegung jener Versuche, allen menschlichen Energien zum umfassenden Durchbruch zu verhelfen.

Dabei entdeckte man den Menschen als Einheit von Körper und Seele wieder. Man ergänzte deshalb die bislang rein verbalen Therapien um verschiedene Varianten von „Körperarbeit" und schuf damit eine regelrechte Bewegung: Bioenergetik, Gestalttherapie, Biofeedback, Rolfing, Primärtherapie, Alexander-Technik, Urschrei-Therapie, um nur einige zu nennen. In der Fülle der untereinander häufig verfeindeten Schulen und Angebote verschwimmen oft die Grenzen zwischen seriöser Arbeit und Scharlatanerie. Die Erwartungen der Menschen sind dennoch hoch, weil die psychosomatischen Zivilisationskrankheiten zunehmen. Der Psychiater hat das Image des Irrenarztes verloren, dabei aber haben sich die „alten" psychotherapeutischen Schulen als einseitig erwiesen. So blüht der Psychomarkt, auch wenn der Preis oft hoch ist – manchmal auch der menschliche.

Die Humanistische Psychologie hatte den Körper und den gesunden Klienten für sich entdeckt. Die „vierte Schule" der *Transpersonalen Psychologie* ging noch einen Schritt weiter zum Geist des Menschen. Schon die Humanistischen Psychologen E. Fromm, E. Erikson und V. Frankl hatten die Suche nach Sinn als Wurzel menschlichen Leidens beschrieben. Sie machten den Menschen in seiner geistig-religiösen Bedürftigkeit zum Thema. A. Maslow hatte in seiner „Bedürfnispyramide" die religiösen Erfahrungen noch als innermenschliches Phänomen gedeutet. Über die Forschungen mit „peak experiences" erkannten er und St. Grof transpersonale und spirituelle Erfahrungen als Wege der Therapie und Bewußtseinserweiterung. Sie bilden das Zentrum in St. Grofs „holotroper Therapie".

Die *Verknüpfung von therapeutischen und religiösen Erfahrungen* ist für die christliche Tradition nicht neu. Jesus sieht die Heilung an Seele und Leib – Sündenvergebung und Krankenheilung – in einem engen Zusammenhang. Moderne

SeelsorgerInnen haben die Chancen humanwissenschaftlicher Forschung für das kirchliche Heilshandeln erkannt und erfahren eine therapeutische Ausbildung als Segen für ihre Arbeit. Charismatische Gruppen praktizieren die Heilung durch Gebet und Handauflegen. Selbst der Exorzismus hat, wenn auch in milder Form, die rationalistische Phase der Theologie überdauert. Damit ergeben sich fließende phänomenologische Grenzen zu diversen Praktiken der weißen Magie, des Schamanismus und der Geistheiler.

Weitere Berührungspunkte ergeben sich zu westlichen und östlichen esoterischen Traditionen – etwa Homöopathie und Akupunktur – im Bemühen um einen heilenden Ausgleich der „Säfte" oder der „Energien". Weiters gibt es die Reinkarnationstherapie, die auf der Lehre von der Wiedergeburt und auf dem Karma-Glauben aufbaut. Und schließlich haben seit den 30er Jahren westliche Psychologen (Reich, Jung, Watts) therapeutische Wege zu einem neuen Bewußtsein im Osten gesucht. Erich Fromm hat mit dem Japaner Suzuki eine Inspiration im Zen-Buddhismus gefunden. Die Transpersonalisten Grof und Wilber wurden im Hinduismus Tibets und Kaschmirs, im Taoismus und im Yoga fündig. Die „Initiatische Therapie" Graf Dürckheims mit ihrer Synthese von Psychologie und Zen-Buddhismus schließlich ist zu einer starken Inspirationsquelle auch vieler ChristInnen geworden.

Weisheitliches

Damit ist bereits deutlich, daß die NRK prinzipiell jede Religion in ihr Gefüge aufnehmen. Früher wurde eine solche Vorgangsweise nur in Geheimzirkeln und Sekten praktiziert und von Kirche und Herrscherhaus je nach politischer Lage als Randphänomen geduldet oder grausam verfolgt. Heute ist das nicht mehr denkbar. Was früher im geheimen geschah, ist zum öffentlichen und weitverbreiteten Phänomen geworden. Der neue missionarische Eifer hinduistischer Strömungen traf im Westen mit der Suche nach Besinnung in einer als oberflächlich und streßhaft erfahrenen Gesellschaft zusammen. Der Pilgerzug westlicher Jugendlicher nach Indien –

zuerst im Rahmen der Hippie-, dann der Meditationsbewegung – wurde zur Basis für die vielen Anleihen bei hinduistisch-buddhistischem Gedankengut in den NRK.

Vornehmlich jüngere Wohlstandsbürger machten sich in überschaubaren Gemeinschaften auf die Suche nach der Weisheit fernöstlicher Kulturen. Sie hatten von christlicher Weisheit nie etwas erfahren und landeten bei „Orden" – gesellschaftlich als „Sekten" bezeichnet –, die Meditation und Spiritualität propagieren: „Bhagwan" Sri Chinmoy, Hare Krishna, Ananda Marga oder Eckankar. Andererseits ist der Einfluß *fernöstlicher Weisheit* in den NRK eng mit der christlichen Zen-Meditationsbewegung verbunden. Hier ist das Lebenswerk des Jesuiten Hugo Enomiya-Lassalle ebenso zu nennen, wie der Begründer der Initiatischen Therapie, Karlfried Graf Dürckheim. Christliche Mönche suchen seit Jahrzehnten praktische Wege der Versöhnung von Hinduismus und westlicher Spiritualität. Als prominenter Vertreter ist der Benediktiner Bede Griffiths zu nennen, dessen Ashram auch von Esoterikern gern aufgesucht wurde. Pater Lassalle hat sich am Denkprozeß der NRK ebenso beteiligt wie Pater Steindl-Rast.

Insgesamt finden sich in den NRK Auszüge und Anleihen bei der Weisheitsliteratur verschiedenster kultureller Herkunft: aus der indischen Bhagavadgita, dem Tibetischen Totenbuch, der jüdischen Kabbala, dem islamischen Sufismus; bei der archetypischen Auslegung biblischer Gestalten, in der Esoterik mancher jüdischer und christlicher Apokryphen; bei der mittelalterlichen kirchlichen Spiritualität eines Meister Eckhart und einer Hildegard von Bingen; schließlich bei Franz von Assisi und Teilhard de Chardin. Wie ambivalent die anzutreffenden Umdeutungen anzusehen sind, wurde bereits erwähnt.

Esoterisches

Die Esoterik ist ein jahrtausendealtes Glaubenssystem, das die offensichtliche Außenseite der Dinge von jener verborgenen Innenseite unterscheidet, die nur den Eingeweihten zugänglich ist. In der antiken Gnosis und in Orden und Geheimbünden verschiedenster Epochen hat sie maßgeblich die dogmatische Durchdringung und institutionelle Befestigung des Christentums herausgefordert. Sie fasziniert durch eine Weite des Denkens, dem alles und jedes zur Quelle der Erkenntnis werden kann, insofern es Anteil an der *verborgenen göttlichen Weisheit* hat. Als Religion für gebildete Städter bestens geeignet, hat sie auch unter Christen immer wieder Anhänger gefunden. In den NRK bildet sie ein synkretistisches Mythensystem aus, das die Götterwelten der Tibeter, Ägypter, Hellenen, Kelten, Germanen und der modernen Fantasy-Literatur angeblich zusammenzuführen versteht.

Einer der esoterischen Mythen erzählt vom Inselkontinent Atlantis, der eine hochstehende esoterisch-magische Kultur gehabt haben soll. Er sei durch eine Naturkatastrophe versunken, was die Weisheit der Atlanter über die Erdteile verbreitet hätte. Sie wurden so zu Ahnherren ägyptischer wie keltischer Esoterik. Manche sollen auch in den Weltraum geflüchtet sein und von Zeit zu Zeit als Raumfahrergötter auf die Erde zurückkehren. Das ist die Wurzel für die UFO-Hysterie ebenso wie für zahlreiche Science-fiction- und Fantasy-Romane und sonstige esoterische Belletristik. Manches wird von „ernsten" Esoterikern als Aberglauben angesehen.

Attraktiv wird die Esoterik durch ein quasipädagogisches System der Initiation und der Entwicklungsstufen. Am Anfang steht die Bereitschaft, sich um eine immer tiefere Erkenntnis zu bemühen. Diese erreiche man etappenweise: Nach langen Zeiten der Dunkelheit gehe einem plötzlich ein Licht auf und man erkenne nie geahnte Zusammenhänge. Die verschiedenen *Ebenen des Bewußtseins*, die so zu erreichen sind, gelten individuell, aber auch für eine Gesellschaft oder Kultur als ganze. Auch die traditionelle wissenschaftliche Pädagogik vertrat die Lehrmeinung von aufeinanderfolgenden Entwicklungsstufen – jedenfalls beim Kind. Man ist inzwischen zum Teil davon abgekommen, weil sich das Anerkennen großer individueller Unterschiede und Ungleichzeitigkeiten als fruchtbarer erwiesen hat. Die anthroposophische Pädagogik kultiviert solche Annahmen nach wie vor in den Steiner-Schulen, die sich in den letzten Jahren steigenden Zulaufs erfreuen.

In den NRK gibt es verschiedene Bereiche, die sich als Eingangstore zur Esoterik eignen. An erster Stelle ist die *Astrologie* zu nennen, die auf der esoterischen Entsprechung „wie oben, so unten" beruht. Meist wird sie bloß als Absicherung gegen die Wechselfälle des Schicksals gesucht. Es liegt ihr jedoch die Idee vom Symbolgehalt des Kosmos zugrunde. Wer seine Bilder versteht und sich in die Gesetze des Seins einzufügen weiß, findet sein persönliches Heil. Das Horoskop ist dabei nicht fatalistisch als Vorherbestimmung zu sehen, die die freie menschliche Entscheidung zur Farce macht. Vielmehr kann der Erfahrene es als Meditationsbild nützen, um seinen gegenwärtigen Entscheidungsrahmen abzulesen. In diesem Sinn sah die christliche Astrologie des Mittelalters den Menschen in den kosmischen Heilsplan Gottes eingefügt.

Neben der individuellen gibt es auch eine kosmische Astrologie, nach der sich die Vorstellungen des New Age richten. Sie kennt den Sternzeichen zugeordnete Weltzeitalter und sieht uns gegenwärtig an der Schwelle zwischen dem Äon der Fische und dem des Wassermanns. In seinem Zeichen werde die Welt Frieden, Ganzheitlichkeit und ein paradiesisches Zusammenleben auf einer „höheren Bewußtseinsstufe" entwickeln.

Ähnlich der esoterischen Astrologie ist der *Tarot*, der wahrscheinlich aus einer Zigeunertradition stammt. Durch die Symbolsprache der Bilder – teilweise aus den Tarockkarten bekannt – soll dem Suchenden die Wahrheit seines Seins offenbar werden. Damit ist er dem chinesischen *I-Ging* verwandt, bei dem Schafgarbestäbchen geworfen werden. Die entstehenden Zufallskombinationen sollen über persönliche Fragen und Entwicklungen Auskunft geben. Zu beiden Techniken gibt es Anleitungsbücher, um einen in jeder Lebenslage persönlichen Ratgeber finden zu lassen. Verschiedene Kurse bedienen sich der freien Assoziation über Tarot und I-Ging und helfen mit esoterischer Deutung weiter.

Es gibt noch ganz andere Wege der Heilung über die Einordnung in kosmische Zusammenhänge: Sphärenmusik-,

Farb-, Geruchs-, Aroma-, Blüten- oder Edelsteintherapie. Da die ganze Natur als beseelt angesehen wird, kann das jeweils passende Element die Energien ausgleichen und dadurch heilen. Auf dem gleichen Prinzip des *Energieausgleichs* beruht das System der Homöopathie und – in ähnlicher Weise aus Fernost – der Akupunktur, aber auch des Tantra. Ihre objektive Wirksamkeit unabhängig von esoterischen Einstellungen ist bei zivilisationsbedingten chronischen Leiden schulmedizinisch bestätigt.

Naturwissenschaftliches

Eine naturwissenschaftliche Bestätigung für die Grundideen der NRK wird in den neueren und neuesten Forschungsergebnissen der Physik gesehen – durch Relativitätstheorie, Quantenmechanik und Chaosforschung. Nüchtern betrachtet beweisen sie über ihre physikalische Bedeutung hinaus bloß, daß auch eine exakte Wissenschaft relativ ist und sich weiterentwickelt. Versucht man mit ihren Ergebnissen allegorisierend metaphysische Erkenntnisse zu erzielen, so kann man (illegitim) folgern:

1. Alles ist in Bewegung: Schöpfung bedeutet nicht, daß eine ordnende göttliche Macht aus dem tödlichen Chaos den lebendigen Kosmos formt. Vielmehr ist das Chaos selbst jene schöpferische Kraft, die neue Ordnungen immer höherer Qualität hervorbringt.

2. Alles ist göttliche Energie: Es gibt keine außerhalb des Göttlichen liegende geschaffene Materie. Alles ist Erscheinungsform der einen Kraft, so daß alles im wesentlichen „göttlicher Geist" ist.

3. Alles hat zwei Seiten: Zentrale Fragen können keine eindeutigen Antworten haben, ihre Komplexität ist durch logische Paradoxien noch am besten darzustellen. Deshalb ist in diesen Erkenntnisbereichen die Intuition gegenüber der Rationalität vorrangig.

4. Alles ist relativ: Jede Erkenntnis hängt vom Standpunkt und den Interessen des Forschers ab. Es kann daher keine objektive und erst recht keine absolute Wahrheit geben.

Mit diesen Ergebnissen scheint die antike Weltanschauung der Esoterik mit den Mitteln der modernen Naturwissenschaft bewiesen. Das christliche Welt- und Menschenbild wäre damit zum Teil überholt. Der Mensch wäre, folgt man der Evolutionstheorie und der vergleichenden Verhaltensforschung, aus dem Kosmos einer gottgewollten Schöpfungsordnung vertrieben. Er ist in die *Weiten des Alls* ausgesetzt und verwandt mit den Steinen, Schachtelhalmen und Affen. Möglicherweise war die Menschheit auch nur ein „Schnupfen der Natur", lästig, mit ein wenig Fieber und Unwohlsein verbunden, von dem sie sich bald wieder erholen wird. Eine vom Menschen verursachte kosmische Katastrophe, die seine Lebensgrundlagen unwiederbringlich zerstört, wäre dann ein letzter Fieberschub, bevor die Welt wieder gesundet. Der Mensch ist damit nicht mehr die Krone der Schöpfung, aufgerichtet zwischen Erde und Himmel und als Ebenbild Gottes zu Gestaltung und Verantwortung berufen. Vielmehr stehen wir erst in der „Halbzeit der Evolution", und es ist ungewiß, ob die Menschheit je ihre Erfüllung finden wird.

In einem solchen Welt- und Menschenbild ist auch kein Platz für einen Wahrheitsbegriff. Kybernetik und Systemtheorie, wegen ihrer Bedeutung für die Ökowissenschaften mit hohem Ansehen, scheinen nahezulegen, alles in einem laufenden *Wechselspiel der Kräfte* zu begreifen. Der Anspruch der katholischen Kirche, eine absolute Wahrheit zu vertreten, wirkt dagegen anachronistisch. Sie begibt sich zudem in eine schwache Position, da sie wenig Interesse an einem ernsthaften Dialog mit den Naturwissenschaften zeigt. Sie läßt sie in dem Bemühen um ein Weltbild, das neue Erkenntnisse aufgreift, allein.

Da nun die Ergebnisse der Naturwissenschaften in vielen Belangen gesellschaftliches Allgemeingut geworden sind, entgeht der Kirche damit gleichzeitig eine evangelisatorische Chance. Würde sie solche Verstehensweisen in den christlichen Glauben zu integrieren verstehen, worin die Christenheit bis ins Mittelalter in keinem Kulturkreis Schwierigkeiten sah, so könnten moderne christliche Bilder und Geschichten der Gotteserfahrung entstehen.[59] Wenn sich allerdings die

Alltagsrelevanz des Christlichen in einer privaten Klein-
bürgermoral und der Erbaulichkeit von Naturidyllen nahezu
erschöpft, überläßt man esoterischen und anderen Lehren ein
weites Feld, in dem sie kaum ein kritisches Korrektiv finden.

Magisches

Die Notwendigkeit eines kritischen Korrektivs wird nochmals deutlich, wenn man sich die neu aufflammende Okkultismuswelle ansieht. Es ist erstaunlich, daß es einen solchen
Boom magischer Traditionen und Praktiken in einer nach-
aufklärerischen Bildungsgesellschaft überhaupt geben kann.
Außersinnliche Wahrnehmung und Psychokinese erscheinen
als ebenso faszinierende Phänomene wie die geheimnisvollen
Weissagungen eines Nostradamus oder die nicht enden
wollenden Spekulationen über das Dritte Geheimnis von
Fatima. Die *Parapsychologie*, zwar nicht unumstritten, kennt
zwei Erklärungsweisen für paranormale Erscheinungen wie
Hellsehen und Spuk, Löffelbiegen und Tischerücken, Tele-
pathie und Präkognition – sofern es sich nicht wie zu aller-
meist um Taschenspielertricks handelt. Nach der animisti-
schen Erklärung sind es die Seelenkräfte besonders begabter
und erfahrener Menschen, die noch weit mehr bewirken
können als der landläufige „sechste Sinn" zum Ausdruck
bringt. Nach der spiritistischen Deutung sind zudem die
Seelenkräfte von Verstorbenen beteiligt.[60] Der Kirche sind
solche Phänomene selbstverständlich; Kontakte mit den
armen Seelen, Marienerscheinungen, Prophetie und Exorzismus sind Teil ihrer Tradition.

In allen Kulturen gibt es Menschen, die sich paranormale
Kräfte durch magische Techniken nutzbar machen wollen. Sie
können als weiße und *schwarze Magie* für andere zum Segen
oder Fluch werden. In den NRK findet man satanistische
Gruppen, die durch Hardrockmusik, Schwarze Messen und
Teufelsanbetung Ängste schüren. Dazu gibt es Verbindungen
zu nationalsozialistischer Betätigung und zur Terrorszene.
Der Schaden, den vor allem Jugendliche im Okkultismus-
boom nehmen können, ist nicht zu unterschätzen. Der Mut-

probe, die Geister anzurufen, sind gerade psychisch labile Pubertierende oft nicht gewachsen. Die Auswirkungen – von der wiederholten Nachfrage im Religionsunterricht über Problemfälle bei psychosozialen Beratungsdiensten bis hin zu journalistisch breit aufgemachten Selbstmordserien innerhalb bestimmter Sekten – sind tragisch genug. Es scheint allerdings überzogen, daraus ein terroristisches Feindbild von staatserschütternder Bedeutung zu konstruieren. Wer schließlich in solchen Phänomenen das letzte Aufgebot des „Antichrist" gegen die Kirche sieht, dessen Glaube an den Teufel ist wohl stärker als der an den allmächtigen dreifaltigen Gott.

Teufelsglauben, Okkultismus und Magie werden auch in der neu erwachten *Hexenwelle* gesehen. Meist steht dahinter die Sympathie von Frauen für die matriarchalen Kulte vorschriftlicher Kulturen. Sie sehen die verfolgten Hexen als Bewahrerinnen jener alten Weisheiten um Heilkunst und Geburtenregelung, Magie und Gottesbeziehung, gegen die sich eine Männerwelt in Staat, Kirche und neuer Wissenschaft (etwa der Medizin) nur mit Gewalt durchsetzen konnte. Indem sich moderne Frauen mit diesen Schwestern solidarisch machen und sich in ihre weisheitlich-magische Tradition stellen, wollen sie als „Hexen" das Patriarchat verwandeln und damit die Welt retten. Oft verbinden sich damit eine esoterische Weltsicht, ein ökologisch verantworteter Lebensstil, ein matriarchal verstandener Feminismus, die Weltwandlungshoffnungen des New Age und eine der Spielarten Feministischer Theologie. Zwar hat die Frauenrechts- bis hin zur Frauenbewegung gesellschaftlich manches erreicht, von einer Gleichberechtigung der Frauen kann aber noch keine Rede sein. Nun erhofft man sich neue Impulse aus der Integration jener dualen Wirklichkeiten, die sich im Männlichen und Weiblichen manifestieren. Das bisher großteils verdrängte Weibliche – etwa in Gestalt von Geduld, Sanftmut, Achtsamkeit, Intuition – sei daher möglichst zu fördern, um zu einer kraftvoll-ganzheitlichen Lebensqualität zu finden.

Ein weiterer Bereich magischer Traditionen erfährt als *„Schamanismus"* eine Neubelebung. Naturreligiöse, angeblich archaische Riten werden vollzogen: Stierkulte, Steinzeremonien, Amulettenzauber, Blutorakel, Mondtänze und Hexengesänge. Es ist unvorstellbar, was angeblich aufgeklärte Menschen zu glauben und als Freizeitbeschäftigung anzusehen bereit sind. Die Vorsteher solcher Riten berufen sich dabei auf die heiligen Personen der Germanen, der Kelten und der Altägypter, auf die Azteken und besonders auf die Indianer. Die I Iopi sind modern geworden, für Schamanenkurse nimmt man auch die literarischen Fiktionen des Carlos Castaneda für bare Münze. Sicher spielt auch einige Karl-May-Romantik mit. Die tatsächlich lebenden Indianer, die sich gegenwärtig gegen die wirtschaftlich motivierte Zerstörung ihres Landes und ihre eigene Ausrottung oder Zwangsassimilierung politisch zur Wehr setzen müssen, erfahren von dort keine Unterstützung. Die NRK kennen aber auch politisch aktive Indianerfreunde mit großer Bewunderung für deren ökospirituelle Lebensart. Diese begegnen der Schamanenszene ablehnend bis kopfschüttelnd.

Schließlich betreibt man in der Szene häufig jene *magischen Techniken*, mit denen man hofft, das Schicksal erforschen und vielleicht sogar beeinflussen zu können. Im Rahmen der Esoterik wurden bereits Astrologie, Tarot, I-Ging und die Kabbala erwähnt. Letztere wird in den NRK auch als jüdisch-esoterische Tradition wahrgenommen, sie errang am Markt aber vor allem als Buchstaben- und Zahlensymbolik Bedeutung. Unter der Bezeichnung „Numerologie" werden Namen und Bezeichnungen ins dekadische Zahlensystem übertragen und gemeinsam mit Geburtsdaten oder anderen bedeutsamen Terminen in Quersummen umgerechnet. Das wird dann in einen esoterischen Entwicklungszyklus deutend eingefügt, mit Mandalas, Edelsteinen oder anderen Talismanen in Verbindung gebracht oder zur Errechnung günstiger Partnerkonstellationen oder Glückstage herangezogen.

Ein streiflichtartiger Blick auf die Inhaltspalette der NRK hat erbracht:
- Erstens werden die Inhalte durch Psychologisches, Weisheitliches, Esoterisches, Naturwissenschaftliches und Magisches bestimmt. Dabei werden kunterbunt Traditionen

aufgegriffen, die aus alten Religionen stammen und teilweise auch der Kirche nicht fremd sind. Teilweise sind Erkenntnisse der modernen Natur- und Humanwissenschaften hineingenommen, teilweise greift man auf Phantastisches und Abstruses zurück. In eins zusammendenken läßt sich all das nur, weil man die Quellen nicht als solche in ihrer Lebenswelt ernst nimmt, sondern sie zum Bausteinlager für eigene Vorstellungen und Assoziationen umfunktioniert. Der Hinweis auf diese „Bezugsquellen" dient dabei der Legitimation des NRK-Gedankengutes als altehrwürdige Weisheit der Menschheit.

- Zweitens stammt die Faszination dieser sonderbaren Inhaltsmischung vor allem aus dem weiten Blick, der alles zu integrieren sucht, was dem modernen Menschen bedeutsam scheinen mag. Das Leben in seiner vielfältigen Unübersichtlichkeit bekommt darin einen einleuchtenden, mit wissenschaftlichen Erkenntnissen vermittelten und von menschheitsalter Weisheit umfangenen Bezugsrahmen.

- Drittens gibt es keine Denkverbote und keine Langeweile. Jeder kann sich selbst das zusammenstellen, was ihm für sein Leben gegenwärtig tauglich erscheint. Und er kann es jederzeit wegen besserer Einsicht oder geänderter Umstände revidieren. Dabei ist die persönliche Beschäftigung, Aneignung und Ausgestaltung gefragt. Damit ist für die Erringung eines Weltbildes und die Bewältigung des alltäglichen Lebens aus ihm eine persönliche Anstrengung gefordert, die als Anregung eigener Phantasie und Ermächtigung zum eigenen Leben verstanden wird.

- Viertens wird die Zusammenstellung der Inhalte durch keinerlei Dogmatik bestimmt, so daß eine einheitliche Systematisierung möglich wäre. Jeder erfreut sich nach seinem persönlichen Gutdünken an der Weite des Blicks und erprobt und gestaltet auf eigene Verantwortung die Integrationskraft der Theorien. Autoritäten sind sachlich und persönlich, nicht aber amtlich definiert. Die Wahrheitsfrage im dogmatischen Sinn stellt sich nicht.

3.2 Zur kirchlichen Einschätzung

Für jene kirchlichen Autoren, die zu den NRK – meist unter der Bezeichnung „New Age" – Stellung bezogen haben, sind diese unzweifelhaft ein religiöses Phänomen. Insgesamt kann man zwei Gruppen von Umgang damit feststellen: Eine erste Gruppe sieht in den NRK ein Werk des Teufels und schreibt Mord und Brand gegen sie. Allerdings wird von diesen Autoren auch gegen die kirchliche Friedensbewegung, den Konzilspapst Johannes XXIII. und den Interreligiösen Dialog des Papstes Johannes Paul II. mit derselben Schärfe angegangen, seien sie doch Beweise dafür, daß das Teufelswerk des New Age auch innerhalb der Kirche bereits weit verbreitet sei.[61]

Die allermeisten Autoren sehen das nüchterner. Sie analysieren, was sie beobachten, und bewerten dann in drei verschiedene Richtungen:

– als *Gefahr* für den Glauben, weil das Christliche verwässert, relativiert, umgedeutet und mit anderen religiösen Versatzstücken gemischt wird;[62]

– als *geistgewirkte Erneuerung* für Glauben und Kirchen, um einen spirituellen, politischen und ökumenischen Weg der Christenheit in der modernen Welt zu entwickeln;[63]

– als *Herausforderung* für die Kirchen, weil hier Menschen guten Willens in einer religiösen Suchbewegung für die Kirchen verlorengehen, die diese aus eigener Schuld nicht anziehen konnten.[64]

Diese unterschiedliche Bewertung kommt durch verschiedene Blickwinkel und unterschiedlich weite Abgrenzung zustande. Daraus ergeben sich fünf *Beobachtungsraster* mit entsprechender Einschätzung:

– *Freiheitliche Sekten- und Gurubewegung:* In den NRK werden die teilweise große Bedeutung der LeiterInnen von Gruppen und Kursen gesehen und die starken Bindungen, die manche dazu aufbauen, wobei aber keine autoritären Abhängigkeitsverhältnisse wie bei manchen Sekten entstehen – die NRK sind insgesamt freiheitlich.

– *Synkretistischer Religionsersatz:* Die NRK werden als das gesehen, was die Leerstelle Religion nach dem Verlust der Christentümlichkeit füllt, wobei die Inhalte aus verschiedenen religiösen Traditionen entnommen sind.

– *Nachchristliche Frömmigkeitsmode:* Die NRK werden als Antwort auf die zeitgeistliche Suche nach Innerlichkeit und mystischer Erfahrung nach dem Ende christlicher Beheimatung gesehen, die sich in einem Markt mit schnell wechselnden Anbietern und Modethemen darstellt.

– *Außerkirchliche religiöse Suchbewegung:* Die NRK werden als eine Suchbewegung gesehen, in der Menschen außerhalb der Kirchen das zu finden trachten, was sie innerhalb vermissen: religiöse Erfahrung, zur Lebensfreude erlöste Menschen, die religiöse Durchdringung moderner Denkmuster, Krisenbewußtsein und Anstrengungen zum Wertewandel.

– *Geistliche Alternativkultur:* Die NRK werden als Initiative des Heiligen Geistes gesehen, um in der modernen Welt einen christlichen Glauben auszugestalten, der zeitgemäß, lebensfroh, gottesverwurzelt, menschenfreundlich und zukunftsgestaltend ist.

Jeder Blickwinkel sieht einen richtigen Aspekt. Es ist die Frage, wo man jeweils den *Schwerpunkt* setzen möchte: Eine Sekten- und Gurubewegung müßte im Interesse der Kirche wie der irregeleiteten TeilnehmerInnen möglichst klein gehalten werden. Ein synkretistischer Religionsersatz müßte als solcher dogmatisch entlarvt und apologetisch zurückgewiesen werden. Eine nachchristliche Frömmigkeitsmode müßte man daran hindern, Leute abzuwerben, indem man gegen sie Propaganda betreibt. Eine religiöse Suchbewegung aber zwingt die Kirchen zur Besinnung auf die eigenen Defizite. Eine geistliche Alternativkultur wird für die Kirchen zur Herausforderung, sich daran auf ihnen gemäße Weise zu beteiligen.

Das Interesse und die Aufgabe der Pastoraltheologie liegen in der Selbstbesinnung und den Herausforderungen für die Kirchen einerseits, im sympathiegeleiteten Zugehen auf die suchenden Menschen andererseits. Deshalb soll im folgenden zuerst an einigen *dogmatisch sensiblen Punkten* deren vielschichtiges Verständnis in den NRK aufgezeigt werden. Anschließend zeigt der letzte Abschnitt, nach welchen Schlüsselworten sich die NRK im Sinne einer geistlichen Alternativkultur ausrichten. Beides kann den Kirchen zur Besinnung auf ihre Defizite und zur Herausforderung für ihre Zukunftsentwicklung werden.

Interpretamente für das Böse

Menschen aller Zeiten und Kulturen sehnen sich nach dem Paradies auf Erden – in den NRK heißt es „Lebensqualität". Jede Kultur mußte Antworten dafür finden, warum dieses Paradies nicht Realität ist, sondern höchstens in kurzen Augenblicken sichtbar wird. So entsteht die Rede von Teufel und Dämonen, vom Bösen und von Schuld.

Nach christlicher Tradition entstammt *das Böse* der freien Entscheidung des Menschen. Er maßt sich an, wie Gott gut und böse unterscheiden zu können, und verliert so die Unschuld des Paradieses. Der Mensch, zum freien Dialog mit Gott geschaffen, wird sündig, sterblich und unfrei. Doch Gott hat die Erlösung beschlossen, die in Christus Jesus die endgültige Freiheit von Sünde, Tod und Gesetz bedeutet. Damit erweist sich die Gnade stärker als jede Schuld; das Böse in seiner personal-dämonischen Macht ist überwunden. Das ist möglich, weil das Christliche keinen absoluten Dualismus von Gut und Böse kennt. Gott ist der Herr der ganzen Schöpfung; der Satan ist in Aufnahme einer spätjüdischen Tradition ein gefallener Engel, ebenso die Dämonen. Der Teufel ist also kein gleichwertiger Gegenspieler Gottes, und es ist nicht offen, wer von beiden sich als stärker erweisen wird. Gott und das Gute haben endgültig das letzte Wort, ja die Sünde ist nach Paulus ein bevorzugter Ort, wo Gottes Gnade wirksam wird.[65] Denn das Reich Gottes als Ziel aller Sehnsüchte ist bereits unter uns lebendig und wird am Ende der Zeiten ganz offenbar sein – soweit die christliche Hoffnungtradition.

In den NRK gibt es zwei Traditionen angesichts unbefriedigter Sehnsüchte: das Böse als Schöpfungsprinzip und als Entwicklungsschritt. Das Böse als *Schöpfungsprinzip* ist die

Grundidee des Satanismus. Nach den neugnostischen Lehren des Aleister Crowley[66] erfährt das Absolute, wer seinen biologischen Lebensdrang schrankenlos auslebt. Blutrünstige Rituale und sexuelle Exzesse eröffnen Zugang zu den hintergründigen Energien des Kosmos. In den diversen satanistischen Wellen mischt sich diese Idee mit Relikten volkstümlichen Hexenwahns und dem harmlosen Protestgehabe Jugendlicher gegen gesellschaftliche Normen, Zwänge und (Schein-)Moral.[67]

Eine ähnliche Grundidee findet sich in der allegoretischen Auslegung der naturwissenschaftlichen Chaostheorie.[68] Ihr zufolge entsteht nicht dort das Leben, wo Gott das Chaos zum Kosmos ordnet; sondern das Chaos selbst ist die schöpferische Lebenskraft. Aus dem Blickwinkel der vergleichenden Verhaltensforschung hat Konrad Lorenz die Aggression als die Lebenskraft schlechthin dargestellt.[69] Sie sei die Energie, die antreibt und uns auf etwas zugehen läßt. Das könne sich zerstörerisch oder gestaltend auswirken. Verhaltenspsychologisch sind Zähnefletschen und Lachen verwandt. Aggression kann gefährlich sein, Aggressionslosigkeit aber ist ein Zeichen des Todes, der Antriebs- und Beziehungslosigkeit. Im Gefolge C. G. Jungs schließlich wird das Böse als jene unbewußte Seite unserer Existenz, „Schatten" genannt, gedeutet, in der das noch ungenutzte Lebenspotential verborgen liegt. Es nicht zu kennen führt zu verarmtem Leben, es zu verdrängen führt zu psychischer Krankheit. Denn in ihm haben wir Verbindung zu den Archetypen, den Urmustern des Lebens, die als das allgemein Menschliche am Seelengrund verborgen liegen.[70]

Damit ist bereits die Schnittstelle zu jenen Ideen gefunden, die das Böse als *Entwicklungschance* des Menschen ansehen. Nach Ken Wilbers esoterischer Sündenfallgeschichte war das erkenntnislose Leben im Paradies ein tierischer Zustand. Erst wer vom Baum der Erkenntnis ißt, wird Mensch. Er verliert das Paradies der selbstverständlichen und entscheidungslosen Weltharmonie und verstrickt sich in die Leiden der Endlichkeit. Das ist ein Schritt vorwärts in der Entwicklung jenes höheren Bewußtseins, das der Menschheit bestimmt ist – das Paradies der göttlichen Erkenntnis.[71] Einfacher ist es bei Murphy und Dethlefsen, wo Leid und Schicksal zur persönlichen Entwicklungschance des einzelnen gemacht werden, wenn dieser das Selbstmitleid aufgibt und ihnen das Positive abgewinnen kann.[72] Noch weiter trivialisiert heißt diese Grundidee auf dem Markt der NRK oft: Alles ist gut und wahr. Das Böse und scheinbar Falsche ist nur ein Mangel an Einsicht. Der Mensch ist Teil der Natur, in der es nicht Gut noch Böse gibt, sondern nur die Notwendigkeit des Geborenwerdens und Sterbens, Wachsens und Vergehens. Der Mensch findet sein Glück, wenn er sich in dieses Fließen des Lebens positiv und ganzheitlich einfügt.

Schließlich kann man das Böse überhaupt zur Folge falschen Bewußtseins erklären. In einer Mischung aus gnostisch-asketischer Weltverachtung und luxusverwöhnter Problemignoranz erhebt man sich in jenes „Light Age", das nur noch ein Lachen kennt für die Niederungen weltlicher Nöte. Dieses rechte Bewußtsein überwinde sogar kriegerische und atomare Katastrophen und habe zugleich erlösende Kraft für die Welt. In der Alternativkultur hingegen sind es die globalen Schrecken, die als moderne Sünde und dämonisch Böses erkannt werden. Sie werden damit statt im Bereich der privaten Moral vornehmlich im gesellschaftlichen Sektor angesiedelt: in den Umweltkatastrophen im Gefolge moderner Technologien, in der bedingungslosen Geschäftemacherei der industrialisierten Welt, im politischen Terrorismus und in den weltumspannenden Drogenkartellen.

Damit ergibt sich:
- Erstens: Die NRK kennen das Böse und das Dämonische, die Sünde und die Schuld. Sie unterscheiden sich vom Christlichen durch Entpersonalisierung und Säkularisierung: Das Böse wird nicht als personale Macht verstanden (außer im Satanismus), und der Sündenbegriff steht nicht notwendig im Kontext einer Gottesbeziehung, hält sie aber als umfassende Dimension offen.
- Zweitens: Die persönliche Schuldhaftigkeit ist gemäß den NRK der Grund für das Schicksal und eine verständliche

und unausweichliche Folge des Menschseins. Es geht nicht darum, sie zu meiden, was unmöglich ist, sondern sie als Chance für die eigene Entwicklung zu nutzen. In schweren Fällen ist daher Therapie angebracht, nicht Strafe.

- Drittens: Das dämonisch Böse zeigt sich in den gesellschaftlichen, politischen, technologischen und wirtschaftlichen Sachzwängen der modernen Welt. Obwohl sie Folgen menschlicher Entscheidungen sind, stehen ihnen Individuen wie Gesellschaft relativ machtlos gegenüber. Sie sind als heillose Nebenwirkungen des Fortschritts kaum in den Griff zu bekommen.
- Viertens: Die Weihe an das vorgeblich Böse, wie sie im Satanismus propagiert wird, ist vor allem ein jugendlicher Protest gegen das vorgeblich Gute, das in den Augen so mancher tödlich langweilige, lebensfeindliche und ungerechte Formen bürgerlicher Ordnung hervorbringt und stützt. Gefährlich ist daran vor allem die sektoide und oft neonazistische Cliquenbildung.
- Fünftens: Im Verhältnis zum gängigen kirchlichen Sündenverständnis liegt den NRK einerseits daran, mit mehr Verständnis und Großherzigkeit für die privaten Verfehlungen des Alltags die depressive oder ignorante Grundhaltung aufzubrechen und Lebensmut und Tatkraft zu fördern. Andererseits fordern sie mehr prophetische Klarheit und zivilen Mut gegenüber den gesellschaftspolitischen Sünden wider den Frieden, die Gerechtigkeit und die Lebendigkeit.

Der nicht notwendig vorhandene Gottesbezug und die stärkere Betonung der sündigen Strukturen unterscheiden damit im Hinblick auf das Böse und die Sünde die NRK am stärksten von der Kirche. Mit der zweiten Dimension hat diese etwas dem Christlichen Zentrales unterbelichtet und in den befreiungstheologischen Ansätzen wiederentdeckt. Die Frage nach Gott gehört zu den Problemen der NRK, die näher anzusehen sind.

Die Frage nach dem Göttlichen ist allen Religionen zentral. Sie finden dafür verschiedene Namen, Bezeichnungen und Ausdrucksformen. Nach jüdisch-christlicher Tradition ist es *Gott* selbst, der sich aus freien Stücken zu erkennen gibt, sich offenbart als „Jahwe", der „Ich-bin-für-euch-da". Die Bibel erzählt im Ersten wie im Zweiten Testament darüber, wie das Volk Gottes erlebt, daß ihr Gott für sie da ist. Dem entspricht einer der Ehrennamen Jesu – „Immanuel", d. h. „Gott-mit-uns" – und sein ganzes Lehren und Wirken bis zu Tod und Auferstehung. Christen glauben also an einen Gott, der Beziehung ist; Beziehung in sich, ausgedrückt durch die Dreifaltigkeit; und Beziehung zu uns, als Inbegriff der Offenbarung. Das Christentum ist also ein personaler Gott-Beziehungs-Glaube. Der/Die ChristIn findet sich selbst, indem ihm/ihr von Gott her Gnade und Freiheit geschenkt sind.

Anders sehen das die NRK, wo *apersonale Göttlichkeitserfahrungen* im Vordergrund stehen. Der heilige Schauer, die geheimnisvolle Tiefe, die herzerweiternde Schönheit, die energiespendende Lebendigkeit erscheinen als Einfallstore des Göttlichen, die durch verschiedene Übungen geöffnet werden. Die Erfahrung der Einheit und Ganzheit ist die Frucht davon. Vier Dimensionen beschreiben diesen Gottesbezug der NRK:

1. Man sucht nach unvermittelter Gotteserfahrung.
2. Sie soll sich im eigenen Leben ereignen.
3. Sie geschieht in der Transzendenz des Alltäglichen.
4. Sie vollzieht sich in einpersonaler Beziehungsstruktur.

Im Vordergrund steht der Wunsch, selbst *Erfahrungen mit dem Göttlichen* zu machen, dessen Spuren eine moderne Kultur getilgt zu haben scheint. Was liegt näher, als den Zugang in vormodernen Traditionen zu suchen? Die Kirchen eignen sich deshalb wenig, weil der Schwerpunkt ihrer Arbeit nicht in der persönlichen Begleitung von Gottsuchern liegt; und weil sie mehr den Eindruck erwecken, historische

Glaubenserfahrungen zu verwalten als neue und je eigene zu eröffnen.

Gotteserfahrungen sind immer Transzendenzerfahrungen, sie verweisen in das Jenseits alltäglichen Lebens. Sie sind dort angesiedelt, wo Raum und Zeit ihre Gültigkeit verlieren, wo in den Augenblicken der Hingabe und der Überwältigung das Hier und Jetzt außer Kraft gesetzt sind. Alle Kulturen kennen besondere Zeiten und Orte, um den Raum für das *Geheimnis* zu öffnen. Die moderne technisierte Welt hat das Geheimnis abgeschafft, alles ist erforschbar und der Himmel im Jenseits der Wolken nicht mehr zu finden. Die Welt der Geheimnisse ist, wie das Christkind, Kindersache. Wer Zugang zum Geheimnis sucht, kann also erstens versuchen, sich in die Kinderwelt zurückzuträumen. Man kann zweitens auch vermuten, daß Kinder durch ihre unverdorbene Seele zum Geheimnis finden. Ein Gutteil des Psychobooms lebt davon, im Reich der Phantasie, der Träume und des Unbewußten dem Geheimnis des Lebens nachzuspüren. Nun ist es auch eine Erfahrung der christlichen Mystik, daß Gott mir innerlicher ist, als ich es mir bin. Warum sollte also die Vorstellung eines Gottes jenseits der Wolken nicht durch die Erfahrung des Göttlichen tief im Menschen jenseits seines Bewußtseins ersetzt werden können?

Ein dritter Weg zum Geheimnis ist die *Remythologisierung* der Wirklichkeit. Hatte die moderne Wissenschaft nur als wirklich gelten lassen, was sie erklären konnte, so solle man jetzt wieder die Elfen und Kobolde, die Feen und Geister entdecken. Wo das in den NRK versucht wird, hat man ihnen „Vermystifizierung" vorgeworfen. Allerdings haben auch Wissenschafter die Wunder der Natur so beschrieben, daß sie auf ein göttliches Geheimnis hindeuten; und vielen Christen ist solches nicht fern. Gerade sie unternehmen viele Anstrengungen, sich den Mythos von der Heilsgeschichte des dreieinigen Gottes mit seiner Welt zu bewahren, als jenen sicheren Deutungshorizont, in den das Leben eingebettet ist. Er ist durch moderne Rationalismen und agnostische Selbstzufriedenheit vielfach bedroht.

Allerdings wehrt sich J. Sudbrack gegen die Ansicht des

New Age, die *mystische Gotteserfahrung* sei der Kern jeder Religion und die verschiedenen Mythen und Riten deren konfessionelle Ausgestaltung. Vielmehr sei die Erfahrung des Glaubens als vertrauende Bezogenheit auf den in Gnade sich zuwendenden personalen Gott etwas qualitativ anderes als die Natur- oder Selbstmystik.[73] Sicher ist nicht jedes Geheimnis ein Gottesverweis. Je näher es jedoch dem Geheimnis des Lebens schlechthin kommt, desto mehr ist es offen für das, was Karl Rahner „Mystagogie" genannt und als einzige Zukunftschance des Christlichen angesehen hat – Menschen einzuführen in jenes Geheimnis ihres Lebens, das Gott selber ist.[74]

Daß die NRK an einem personalen Gottesbild oft wenig Interesse zeigen, mag vielerlei Ursachen haben: eine „Gottesvergiftung"[75] von Menschen aus christentümlichem Milieu, Schwierigkeiten mit einem nur amtlich zugänglichen männlichen Kirchengott, möglicherweise aber vor allem die modernen Lebensumstände. Der Pluralisierung der Lebenswelt entspricht, daß man mit den meisten, wenn nicht allen Menschen nur Teilbereiche des Lebens teilt: im Verkehrsmittel, für eine Geschäftsbeziehung, bei einem Hobby, ja selbst im Familienleben. Alle anderen Bereiche bleiben unvermittelbar, weil es an Zeit, Interesse oder Verständnismöglichkeiten mangelt. Selbst die einfühlsamste Gattin, Hausfrau und Mutter kann kaum nachvollziehen, nach welchen Spielregeln ihr Mann den Großteil seiner (beruflichen) Lebenszeit verbringt. Das erweckt beim modernen Menschen den Eindruck, er selbst sei der einzige, der sich einigermaßen umfassend kennt und um seine Bedürfnisse, Fähigkeiten und Nöte weiß. Diese *Selbstverwiesenheit* des modernen Menschen angesichts der Pluralisierung der Beziehungen wie der Lebensentwürfe relativiert möglicherweise seine Bezogenheit auf andere Menschen. Es fehlt eine wesentliche Erfahrungsdimension für eine personale Gottesbeziehung.

Dazu kommt, daß der moderne Mensch kaum noch fundamentale Abhängigkeit von Personen, Familienstrukturen oder Hierarchien erfährt. Abhängig ist er jedoch immer stärker von technischen oder bürokratischen Strukturen. Zu technischen Gebrauchsgütern, etwa dem Auto oder Computer, unterhält er eine geradezu personale Beziehung. Sie werden gepflegt, mit Kosenamen angeredet oder beschimpft. Ebenso redet man mit Zimmerpflanzen oder Haustieren. Sie erhalten ihre Quasipersonalität aus der Bezogenheit desjenigen, der sie anredet. Dieses Phänomen soll *„einpersonale Beziehungsstruktur"* genannt werden: personale Bezogenheit, die im Spiegel der Welt sich selbst findet. Man kann solches Gehabe belächeln oder als Defizienzform menschlicher Beziehungsfähigkeit betrachten. Es ist sicher durch die moderne Welt bedingt. Vielleicht ist es offen für das ignatianische „Gott finden in allen Dingen".

Insgesamt ergibt sich:
- Erstens: Der Gottesbezug der NRK ist in der Suche nach dem Geheimnis des Lebens zu sehen. Es soll im eigenen Leben jenseits des Alltäglichen erfahrbar sein und staunend, erschauernd, ehrfürchtig und innerlich reich machen. Die Suche danach wird in den NRK als „Spiritualität", die entsprechende Erfahrung als „Mystik" bezeichnet.
- Zweitens: Die Konsequenz ist kein apersonaler, sondern ein „einpersonaler" Glaube. Er ist weder ein dialogisch-personaler Glaube, der das Wort eines göttlichen Du vernimmt, noch ein apersonaler Glaube aufgrund irgendwelcher Transzendenzerfahrungen. Als einpersonaler Glaube ist er entweder das Echo der eigenen Stimme in der Welt oder die Resonanz der Schöpfung in der eigenen Seele.

Dimensionen der Hoffnung

Da die NRK oft kein göttliches Gegenüber kennen, sind auch Gnade und Erlösung keine bestimmenden Dimensionen. Es ist deshalb zu fragen, worin die NRK ihre Hoffnung sehen. Aus christlicher Sicht wird gegen die NRK der Vorwurf der Selbsterlösung erhoben, während der Christ sich Erlösung

und Heil ganz von Gott erhofft. So leicht sind die Unterschiede jedoch nicht zu fassen. Ein Blick auf vier *Hoffnungsdimensionen* der NRK macht das deutlich:
1. die befreiende Erfahrung therapeutischer Vorgänge,
2. die erhellende Begegnung mit neuen Verständnis- und Erfahrungsweisen,
3. die vertiefende Erfahrung der Ganzheitlichkeit,
4. die Hoffnung auf ein neues Paradigma.

Der erste Bereich ist der *Lebenshilfe* zuzuordnen. Wer im Rahmen der NRK, selbst in der Szene, auf der Suche ist nach therapeutischen Vorgängen, nach Anleitungen und Ratgebern zum Wohlfühlen und Lebenkönnen, der gewinnt oft neue Hoffnung. Sie wird verstärkt durch Menschen, die sich persönlich und intensiv um einen bemühen. Selbst Angebote von inhaltlich zweifelhaftem Wert gewinnen ihre Bedeutung aus dem, was der einzelne gegenwärtig an Kraft daraus schöpft. Wer sich ernsthaft um eine neue Lebensgestaltung müht, mobilisiert dabei so viel an dem, was auch die moderne Medizin als psychische Selbstheilungskräfte anerkennt, daß dazu fast jede gutwillige Methode zum Katalysator werden kann. Das als Selbsterlösung zu bezeichnen, geht an der Sache vorbei.

Wen nicht unmittelbare Lebensnöte, sondern die *Frage nach Sinn und Ziel* beschäftigen, findet in den NRK Deutungshinweise, Weltmodelle und Sinnkonzepte in breiter Auswahl. Sie werden in der Regel im Do-it-yourself-Verfahren zu einer Weltanschauung zusammengestellt. Für jemanden, dessen Sinnkonzept bisher vom gängigen hedonistischen Materialismus geprägt war, eröffnet sich damit eine wunderbare Welt voll Reichtum und Tiefe. Die kirchliche Deutungswelt ist diesen Menschen in der Regel nie erschlossen worden, die nach außen sichtbare Volksfrömmigkeit erscheint in keiner Weise als Alternative. Bücher und Kurse, die Zeitgenossen ohne die geringste kirchliche Sozialisation die Faszination des Christseins auf eine Weise vermitteln könnten, wie sie auch ein moderner Mensch versteht, werden von den Kirchen nicht angeboten.

Der Ansatz der *Ganzheitlichkeit* ist qualitativ anders gelagert. Er beinhaltet einerseits eine persönliche Hoffnungsdimension: ganz, heil, heilig zu werden durch die lebendige Integration alles Menschlichen in ein personales Selbstentwicklungsgeschehen. Andererseits ist es ein globaler Ansatz, der alle Dualismen auf Polaritäten hin zu überwinden sucht. Dunkel und hell, männlich und weiblich, göttlich und menschlich, natürlich und geistlich sind nicht als Gegensätze, sondern als Pole des Lebens zu verstehen, die untrennbar zusammengehören wie die Pole eines Magneten und als spannungsgeladene Einheit ihre Kraft entfalten. Solche Konzepte können gnostisch-hinduistisch-esoterisch sein, wie etwa das von Ken Wilber. Sie operieren mit Entwicklungsstufen und brauchen nicht notwendig einen Gottesbegriff. Sie können psychologisch-hinduistisch-esoterisch sein, wie etwa das von Thorwald Dethlefsen, und integrieren Karma- und Reinkarnationsglauben.

Ganzheitskonzepte können auch christlich geprägt und trinitarisch verfaßt sein wie das Sophia-Konzept Schipfingers, der das Weibliche in einen christlichen Ganzheitsbegriff integriert.[76] Besonders wichtig ist der Ansatz beim Kosmischen Christus, wie er in Aufnahme der christlich-naturwissenschaftlichen Schöpfungstheologie Teilhard de Chardins bei Günther Schiwy[77] und Matthew Fox[78] zu finden ist. Schiwy versucht in seinem Ansatz, eine christliche und eine New-Age-Tradition, beide im Gefolge Teilhards, miteinander zu versöhnen. Der frühere Benediktiner Fox sieht die Herausforderungen der Ökokrise theologisch aufgenommen in der Rückbesinnung auf jene mystische Tradition des Kosmischen Christus, die neben dem heilsgeschichtlichen Christus in Vergessenheit geraten ist.

Die vierte Hoffnungsdimension der NRK schließlich ist ein *neues Paradigma*. Wo man auf die heilsame Kraft des Wassermanns baut, braucht man einen starken Glauben an die Astrologie. Wo sich die Hoffnung auf ein ökologisches Paradigma richtet, das das mechanistische ablöst, tut der Einsatz dafür not. Insgesamt ist der Glaube an eine Wendezeit, mit der eine neue, heile Epoche anbricht, dem Christlichen vertraut. Wir Christen glauben, daß Jesus Christus die Wendezeit schlechthin markiert, so daß wir unsere Zeitrechnung danach ausrichten. Seither leben wir in der Endzeit, wo das Reich Gottes bereits unwiderruflich unter uns lebendig ist, bis es alles in allem sein wird am Ende der Tage. Diese Hoffnung berechtigt nicht zur Ignoranz gegenüber den Weltproblemen, schützt aber davor, über der eigenen Machtlosigkeit in Resignation zu verfallen oder im Notfall zu diktatorischen Mitteln zu greifen.

Insgesamt ergibt sich:
- Erstens: Die Hoffnungskonzepte der NRK entstammen unterschiedlichen religiösen und wissenschaftlichen Traditionen, Esoterik, Hinduismus, Psychologie. Sie liegen aber auch in christlichen Ausformungen vor, besonders in den Ansätzen des Kosmischen Christus.
- Zweitens: Die Hoffnung auf ein neues Paradigma kann Ausdruck eines astrologischen Glaubens, aber auch Leitidee für eine postmoderne Lebensweise oder Ausdruck christlichen Reich-Gottes-Glaubens sein.
- Drittens: Die Sinnkonzepte, Erfahrungsanleitungen und Lebenshilfen, die der Markt der NRK bietet, führen Menschen aus der Enge des Alltäglichen heraus. Das ist mit „Lebensverantwortung" besser beschrieben als mit dem Vorwurf der „Selbsterlösung".
- Viertens: Insgesamt ist in jenen Bereichen der NRK, die keinen personalen Gott kennen, auch nicht von Gnade und Erlösung die Rede. Der Mechanismus ist aber der gleiche: Man weiß um die eigene Verantwortung, vertraut aber gleichzeitig auf einen umfassenden Horizont, der die eigenen Anstrengungen so sehr trägt, daß das Heilsein als Geschenk erfahren werden kann. Insofern bleiben die NRK auf christliche Erlösungserfahrung hin offen.

Insgesamt hat der inhaltliche Blick auf die NRK erbracht, daß sie sich in vieler Hinsicht vom christlichen Glauben unterscheiden. Es konnte aber auch aufgezeigt werden, welche Verständnislogik und Sehnsucht dahinter stehen können. Daran finden die Kirchen einen Spiegel für jene Dimensionen des Christlichen, die sie schuldhaft und zeitbedingt vernachlässigt haben. Es geht darum, sie neu zu kultivieren:

- *Erstens:* Die NRK verstehen es, menschheitsalte Erfahrungen, Weisheiten und Haltungen verschiedenster Religionen, human- und naturwissenschaftliche Erkenntnisse und modernes Lebensgefühl zu integrieren. Die Kirche erscheint dem gegenüber erfahrungsarm, engstirnig, desinteressiert und altmodisch. Sie hat sich der Herausforderung zu stellen, wieder an der intellektuellen und geistlichen Spitze der Weltentwicklung zu stehen.

- *Zweitens:* Die NRK stellen eine Vielzahl an Themen und Ansätzen unvermittelt nebeneinander und überlassen den Kunden die Auswahl und Gewichtung. Sie erstellen kein dogmatisches System und eröffnen damit vielfache Kosmisierungen der Wirklichkeit. Die Wahrheitsfrage wird von der Qualität des Inhalts auf die Erfahrungsdichte der Person verlagert. Die Kirche erscheint demgegenüber in Satzwahrheiten erstarrt und kann die Autorität, für sie Glauben einzufordern, kaum noch aufbringen. Sie hat sich der Herausforderung zu stellen, einer unter der Unübersichtlichkeit leidenden modernen Welt die Wahrheit Gottes als Erlösung zu eröffnen, die in ihrem pastoralen Handeln menschlich erfahrbar und glaubhaft wird.

- *Drittens:* Die NRK sehen das persönliche Versagen des Menschen als seine Entwicklungschance und haben ein klares Bewußtsein für politische Sünde gegen Gerechtigkeit, Frieden und Lebendigkeit. Die Kirche erscheint demgegenüber auf persönliche Schuld im Bereich der Ehe- und Sexualmoral fixiert und in Fragen öffentlicher Moral trotz mancher Appelle der altgewohnten bürgerlichen

Ordnung verpflichtet. Sie hat sich der Herausforderung zu stellen, mit prophetischer Klarheit und zivilem Mut die heillosen Nebenwirkungen des Fortschritts als gewichtigste moderne Sünde anzuprangern und zeichenhafte und wirksame Umkehr in diesem Bereich zum Testfall der Christlichkeit, vor allem auch in den eigenen Reihen, zu erklären.

- *Viertens:* Die NRK sind eine Strömung der Gottsucher und Mystikhungrigen, der Spiritualitäts- und Transzendenzerfahrenen. Die Kirche erscheint demgegenüber als alte Institution, die historische Gotteserfahrungen verwaltet, statt neue zu eröffnen und deren Gottesbegegnung sich in formelhaften Riten erschöpft. Sie hat sich der Herausforderung zu stellen, wieder die wichtigste Instanz sowohl für die persönliche Gottesbegegnung suchender Menschen als auch für die Gegenwart Gottes im Leben der Gesellschaft zu werden.
- *Fünftens:* Die NRK leben aus der Verheißung einer neuen Zeit und eines neuen Paradigmas. Die Kirche dagegen erweckt den Eindruck, weder Vision noch Verheißung zu haben, die vor einer modernen oder postmodernen Zukunft bestehen könnten. Sie hat sich der Herausforderung zu stellen, die Reich-Gottes-Botschaft Jesu als wirkmächtige Verheißung zu glauben und die Entwicklung der Welt aus dieser Vision zu beflügeln.

Daß diese Bereiche neu zu kultivieren sind, steht in der Kirche außer Frage. *Wie* das zu geschehen hat, darüber gehen die Meinungen auseinander. Die Analyse der NRK kann zeigen, welches Grundmuster einem modernen Glaubensverständnis angemessen ist. Die wichtigste Einsicht beim Studium der NRK ist, daß die einzige Systematik, die der ganzen Breite des Phänomens gerecht wird, an *vier Schlüsselwörtern* geschieht, die synkretistisch gefüllt werden können, aber ebenso die Struktur christlichen Glaubens unter modernen Bedingungen abgeben. Die vier Schlüsselwörter sind zum Abschluß dieses Teils zu beschreiben, die Folgerungen für die Kirchen sind Inhalt des folgenden Abschnitts.

Es konnte bisher gezeigt werden, daß die NRK verschiedene Bereiche beinhalten: New Age, Esoterik, Psychoboom, Astrologie, Schamanismus, Biowelle, Alternativkultur, neue Wissenschaft, Postmoderne ..., um nur einige aufzuzählen. Die einzelnen Bereiche überschneiden und widersprechen einander. Die NRK sind religiös, aber auf die verschiedenste Weise. Die Einschätzungen darüber divergieren, von außerhalb wie innerhalb. Es gibt keine gemeinsame Lehre, keine Organisation, keine allgemein verbindlichen Normen. „Alles ist möglich", eine der Kennzeichnungen der Postmoderne, scheint das Grundprinzip.

Genauer betrachtet kann man feststellen, daß keineswegs „alles geht". Die NRK entsprechen in all ihrer widersprüchlichen Vielfalt einem gemeinsamen Grundmuster, sie haben *gemeinsame Spielregeln*. Was ihnen nicht entspricht, paßt nicht dazu. Sie stecken den Rahmen dessen ab, was von modernen Menschen als passende und angemessene Gestaltungsform des Lebens einschließlich der Religion im Hinblick auf „Lebensqualität" angesehen wird. Diese Spielregeln sind derart, daß sie beinahe beliebig inhaltlich gefüllt werden können. Das macht sie über das analytische Interesse hinaus für die Kirchen interessant, die daran lernen können, wie die schon aufgezeigten Herausforderungen unter modernen Bedingungen gestaltbar sind.

Diese Spielregeln der NRK lassen sich anhand von *vier „Schlüsselwörtern"* darstellen: Bewußtseinswandel, Ganzheitlichkeit, Spiritualität und Netzwerk. Sie werden im folgenden näher dargestellt und daraufhin angesehen, wie sie zum Christlichen passen.

„Bewußtseinswandel"

Ausgangs- und Angelpunkt der NRK ist ein geändertes Bewußtsein. Dieses hat drei Dimensionen:

1. das Bewußtsein der *Krise* als Triebkraft des Prozesses,
2. das Bewußtsein des *Paradigmenwechsels* als Hoffnungspotential des Prozesses,

3. das Bewußtsein der *Transformation* als Wegweiser des Prozesses.

Am Anfang steht die Erfahrung dessen, was im christlichen Bereich „strukturelle Sünde" genannt wird: Wir machen mit der Art, wie wir leben und wirtschaften, uns selbst krank, die Umwelt kaputt, die meisten Menschen der Erde arm und die nächsten Generationen zu Verwaltern eines „strahlenden" Erbes. So kann es nicht weitergehen, doch wer kennt einen Ausweg? Die Krise umfaßt alle Bereiche der modernen Welt, und für ihre Lösung scheint jede individuelle Anstrengung verhältnislos, jede politische Anstrengung unmöglich. Dieses *Krisenbewußtsein* als eine Art „Sündenbewußtsein" ist die erste Ebene des Bewußtseinswandels.

Eine zweite Ebene ist etwas, was man christlich „Gnadenbewußtsein" nennen würde: Die Situation ist nicht aussichtslos, weil sich ein *neues Paradigma* anbahnt. Es gibt allerorts Menschen mit demselben Krisenbewußtsein; es kommen Zweifel an den Selbstverständlichkeiten der industriellen Konsumgesellschaft auf, alte Werte erringen wieder gesellschaftliche Beachtung, die verschiedensten Initiativen von unten werden sichtbar, ein alternativer Lebensstil wird erprobt. All das sind Zeichen für die neue Zeit, die bereits angefangen hat, aber erst zu ihrer vollen Blüte kommen muß. Durch sie haben wir eine Chance.

Drittens schließlich wird sich dieses neue Paradigma durch jene Menschen durchsetzen, die um ein neues Bewußtsein ringen. Durch sie geschieht *„Transformation"*, weil sie sich selbst einer solchen unterziehen. „Transformation" meint eine Umwälzung, die keine evolutive Weiterentwicklung der Moderne ist, aber auch keine gewaltsame Revolution gegen sie. Sie liegt als „Wandlung der Tiefenstrukturen" in der Mitte von beiden. Sie vollzieht sich auf der Ebene des Individuums, der sozialen Beziehungen und der gesamten Welt. Da sie bereits im Gang ist, kann sie nicht scheitern. Aus ihr wird eine neue Weltordnung hervorgehen, an der alle arbeiten, die sich dem Weg des Bewußtseinswandels unterziehen. In der Selbsterfahrung auf diesem Weg findet der einzelne die erstrebte

Lebensqualität: „der Weg ist das Ziel". Christlich könnte diese dritte Dimension „Umkehr" heißen.

„Ganzheitlichkeit"

Beschreibt der Bewußtseinswandel den Ansatzpunkt und die Struktur der NRK, so bezeichnet „Ganzheitlichkeit" den Umfang und die Qualität der Bemühungen. Dahinter stehen drei Prämissen:

1. Alles ist im Grunde gut und wertvoll und in seiner göttlichen Qualität wahrzunehmen.

2. Alles hat nur beschränkte Bedeutung und darf daher im einzelnen nicht überbewertet werden.

3. Das Ganze ist mehr als die Summe der Teile; und die Wahrheit liegt nicht „in der Mitte".

Die erste Prämisse ist dem christlichen Schöpfungsglauben verwandt. Es geht in der Ganzheitlichkeit darum, *alles zuzulassen*: das Natürliche, das Weibliche, das Intuitive, das Spontane. Konvention und Norm sollen die Erfahrung nicht mehr behindern: Endlich will man selbst Erfahrungen machen mit Körperlichkeit und Sexualität, mit Gefühlen und Empfindsamkeiten, mit okkulten und mystischen Ereignissen, mit wissenschaftlichen und religiösen Denkmöglichkeiten, mit seelenbezogenen und ökobewegten Initiativen. Denn das Ganze ist auch das Heile, das Heilige, das Göttliche. Es entspringt der göttlichen Weisheit, der einen kosmischen Energie, dem einen Schöpfungsplan. Man nimmt es wahr mit einem „planetarischen Bewußtsein", demütig untergeordnet den Gesetzen der Schöpfung.

Das Böse kommt daher, daß man einzelnes zur allgemeinen und ewigen Wahrheit erklärt, daß man Institutionen schafft, um sie zu verteidigen, und alle zu ihrer Anerkennung zwingt. Alles hat nur *beschränkte Bedeutung*, alles ist vergänglich, „Stückwerk". Ganzheitlichkeit heißt zweitens aus der Überzeugung leben, daß jede Wahrheit relativ ist, von der Situation, dem Wissensstand, dem Erkenntnisinteresse geleitet, oft auch von Habsucht und Machtgier. Daher ist alles zu prüfen: an der Überzeugungskraft desjenigen, der es vertritt, und an der Plausibilität, die es zum gegenwärtigen Zeitpunkt für den einzelnen hat. Deshalb ist wahr, was sich bewährt, hier, jetzt und für mich; und für die anderen mag es ganz anders sein. Und nichts kann Wahrheit sein, wenn man jemanden dazu zwingen muß. Denn Wahrheit macht frei.

Diese Wahrheit liegt drittens nicht in der Mitte, sondern in der Tiefe hinter und unter den Gegensätzen. Deshalb müssen wir uns von einer dualistischen Weltsicht verabschieden und uns einem kybernetisch-systemischen Ansatz zuwenden, der alles mit allem verbunden weiß. Wir müssen die *Komplexität und Tiefe* der Dinge ausloten. Dort werden wir jene Wahrheit erkennen, die keiner demokratischen Abstimmung zugänglich ist, sondern im Konsens der Gleichgesinnten durch gemeinsame Suche errungen wird.

„Spiritualität"

Ein Bewußtseinswandel zu einem ganzheitlichen Lebensstil führt also von der Oberflächlichkeit alltäglicher Entscheidungen, Probleme und Widerfahrnisse in die Tiefe. Sich ihrer bewußt zu sein, ist Spiritualität. Sie zeigt Gemeinsamkeiten mit den mystischen Erfahrungen aller Religionen, mit den Denkweisen menschheitsalter Weisheit und mit den Gipfelerlebnissen als Kristallisationspunkten des Alltags.

In den NRK zeigt sich Spiritualität in vier Dimensionen:
1. als planetares Bewußtsein,
2. als mystische Naturverbundenheit,
3. als psychische Tiefendimension,
4. als religiöses Zugehörigkeitsempfinden.

Alle vier Dimensionen sind Spielarten einer *Seelenverfaßtheit*, in der sich die Mystiker aller Religionen nahe sind. Sie teilen das Schicksal, von der Mehrheit nicht verstanden, oft verfolgt, wenig beachtet und geschätzt zu sein; nicht zuletzt innerhalb der eigenen Religionsgemeinschaft. Das gilt besonders für den Westen, wo im Gegenüber von Gesetz und Spiritualität, Macht und Geist, Amt und Charisma, Institution und

Lebendigkeit immer das zweite den kürzeren gezogen hat. Der Osten ist reicher an spiritueller Erfahrung, und viele Christen, auch namhafte Ordensleute[79], haben sich dort ihre Inspiration geholt. Wer könnte auch auf Dauer gläubig sein, wäre er dem Faszinosum und Tremendum nie begegnet, hätte er Gott nie ehrfürchtig schauernd erfahren, auf sein Gebet nie eine Antwort erhalten?

Die andere Seite der Spiritualität ist die *Durchsichtigkeit des Alltags* für diesen in der Mystik erfahrenen Glanz Gottes. Sie ist in einer säkularisierten Gesellschaft nahezu gänzlich verschwunden. Wir haben uns daran gewöhnt, heilig und profan, geistlich und weltlich, Himmel und Erde „auseinanderzuhalten". Wo Menschen nach einem neuen Bewußtsein streben und ganzheitlich leben, dort sind sie auf der Suche danach, diese Lebenshaltung und -praxis in der Tiefe spiritueller Erfahrungen zu verwurzeln und im Alltäglichen explizit zu bewähren. Die „Spiritualität" der NRK – selbst wo sie „gottfrei" ist – drückt jene Sehnsucht aus, die aus der Gottverwiesenheit des Menschen ununterdrückbar wie unstillbar erwächst.

„Netzwerk"

Beschreibt „Bewußtseinswandel" das Grundprinzip und den Inhalt, „Ganzheitlichkeit" dessen Umfang und Qualität und „Spiritualität" seine Tiefe und Transzendenz, so meint „Netzwerk" Wahrnehmungsstruktur und Organisationsprinzip. Es bedeutet viererlei:

1. den Zusammenschluß einzelner zu mehr oder weniger festen Gruppen Gleichgesinnter,

2. die basisbezogene Organisationsstruktur gesellschaftspolitischer Initiativen,

3. die Wahrnehmung Neuer Religiöser Kulturformen als gesellschaftliche Realität,

4. die Beschreibung kybernetischer Zusammenhangsmuster in natürlichen Wechselwirkungen.

Der Bewußtseinswandel, die Suche nach Ganzheitlichkeit und Spiritualität mit dem Ziel einer Lebensqualität beginnt beim einzelnen. Wer daran Geschmack findet, sucht über Kurse und Workshops *Kontakt zu Gleichgesinnten.* Das müssen im Sinne der NRK Orte und Menschen sein, wo man neue Ideen erfahren, erproben, einüben kann, wo man sich in den ersten schüchternen Versuchen gesichert und getragen weiß, wo es Freude über den Anfänger, Verständnis für seine Fragen und Probleme, Geduld und Freundlichkeit für seine Versuche, Anregung und Begeisterung für die persönliche Aneignung gibt. Man bleibt so lang, als man Erfahrungsaustausch, spirituelle Vertiefung, neue Aspekte des Bewußtseinswandels und Kraft für den Alltag und eventuelles gesellschaftspolitisches Engagement findet.

Man weiß sich jedoch nicht einer einzelnen Gruppe, Initiative oder Leitungsperson verbunden, sondern dem gesamten Phänomen. So wechseln die TeilnehmerInnen, Themen und Interessen und lassen ein Netzwerk von Kontakten entstehen, verbunden durch eine *gemeinsame Lebenshaltung,* aber ohne viel Organisation, Strukturen oder Hierarchie. Jede macht, wozu der Geist sie treibt. Es entsteht eine weitverzweigte, anpassungsfähige und tragende Struktur, die sich ausspannt und umfängt wie ein Netz. Solche basisbewegten Zusammenschlüsse haben in Zeiten aufkeimenden Politikverständnisses außerhalb traditioneller Partei- und Lobbystrukturen auch politisch verändernde Macht, wie Bürgerinitiativen und Grünbewegungen zeigen.[80] Zentraler Inhalt ihrer Bemühungen ist der Wunsch, einem *„vernetzten Denken"* Raum zu verschaffen: Alles steht mit allem in Wechselwirkung und ist daher ganzheitlich zu betrachten und spirituell einzubinden.[81]

Insgesamt ergibt sich: Die NRK definieren sich nicht primär über ihre synkretistischen Inhalte, sondern über intentionale Schlüsselwörter. Sie brauchen die Rede vom neuen Paradigma, um den Bewußtseinswandel zu motivieren. Sie sind synkretistisch, weil sie darin einen Ausdruck der Ganzheitlichkeit sehen. Ihre magischen, okkulten, parapsychologischen und sonstigen Aktivitäten mit Hang zum Abstrusen sind Suchwege zu spiritueller Erfahrung. Ihre für die gesellschaftliche Entwicklung relevanten Aktivitäten in Neuer Wissenschaft und politischen Basisinitiativen sind eine Absage an den Machtmißbrauch traditioneller Institutionen und verstehen sich deshalb als Netzwerk.

Die NRK definieren sich aus den Schlüsselwörtern Bewußtseinswandel, Ganzheitlichkeit, Spiritualität und Netzwerk. Sie schlagen damit die Koordinaten vor, nach denen postmodernes Leben ausgerichtet sein könnte. Die Kirche dagegen ist hauptsächlich damit beschäftigt, angesichts starker vormoderner Restaurationsbewegungen in den eigenen Reihen die Frage nach der Moderne zu klären. Sie hat sich der Herausforderung zu stellen, theologisch kritisch am Projekt der Postmoderne mitzuwirken.

TEIL 3

Die Herausforderung: Lebensqualität aus der Kraft christlicher Prophetie

Die NRK sind, so das Ergebnis unserer bisherigen Überlegungen, eine postmoderne Sehnsuchtsreligion. In ihren außerkirchlichen Anteilen sind sie eher eine Verlustanzeige nach dem Ende des christlichen Religionsmonopols als eine Alternative zu ihm. In ihrer unübersichtlichen Vielfalt unterschiedlicher Bezugsquellen, Gestaltungsformen und Marktbeiträge sind sie inhaltlich durch vier Schlüsselwörter bestimmt.

– Sie propagieren einen Bewußtseinswandel und motivieren und bestimmen ihn durch ein neues Paradigma.

– Sie streben nach Ganzheitlichkeit und sehen den Synkretismus als Konsequenz davon.

– Sie suchen nach Spiritualität und nutzen magische, okkulte und parapsychologische Wege zu transzendenten Erfahrungen.

– Sie konstituieren sich als Netzwerk, weil sie ihre Ideen zur Weiterentwicklung der Weltkultur in den alten Institutionen nicht gut aufgehoben finden.

Die NRK stellen damit einen postmodernen Gestaltungsrahmen für eine religiöse Kultur dar, der auch explizit christlich gefüllt werden kann. Es kann nur Aufgabe der Kirchen sein, diesen Raum zu nutzen. Wer sollte es an ihrer Stelle tun? Sechs Herausforderungen sind in diesem Zusammenhang aufzunehmen, wie oben bereits dargestellt ist:

1. Sich einen weiten, Religionen und Wissenschaften übergreifenden Blick aneignen und sich als Christenheit wieder an die geistliche und intellektuelle Spitze der Weltentwicklung stellen.

2. Einer an der Unübersichtlichkeit leidenden modernen Welt die Wahrheit Gottes in modernen Bildern und Gleichnissen so eröffnen, daß Erlösung menschlich erfahrbar und glaubhaft wird.

3. Mit prophetischer Klarheit und zivilem Mut die heillosen Nebenwirkungen des Fortschritts als gewichtigste moderne Sünden aufzeigen und eine zeichenhafte und wirksame Umkehr zum Testfall der Christlichkeit machen.

4. Einer im Diesseits gefangenen und nach Mystik und Transzendenz hungernden Welt Wege der Gotteserfahrung jenseits formelhafter Riten eröffnen und so wieder zur wichtigsten Instanz für persönliche Gottsuche und die Gegenwart Gottes im Leben der Gesellschaft werden.

5. Sich als Christenheit so tief in der Reich-Gottes-Botschaft verwurzeln, daß diese lebendige Verheißung zur beflügelnden Vision für die Entwicklung der Welt werden kann.

6. Als Kirche die Spielregeln der Moderne in den eigenen Reihen so umfassend bewältigen, daß man frei wird, theologisch kritisch am Projekt der Postmoderne mitzuwirken.

Insgesamt ist in der heutigen Welt das Prophetische neu gefragt. Es geht darum, die *prophetische Kraft des Christlichen* gegen die heillosen Nebenfolgen der Moderne einzusetzen: den Verlust der intellektuellen Übersicht, der menschlichen Tiefe, der natürlichen Schönheit, der religiösen Ergriffenheit und einer beflügelnden Verheißung. All das trachtet man in der Postmoderne wiederzufinden auf eine Weise, die „Lebensqualität" ist und zu ihr führt. Die Kirche muß sich daran beteiligen, will sie in Zukunft noch eine Rolle spielen. In welche Richtung sie sich dazu ändern muß? Einfach gesagt: Sie muß liebenswürdiger, frömmer und kritischer werden. Um das näher zu differenzieren, sollen drei Wege die Abschnitte dieses letzten Teils bestimmen:

- *Erstens:* Folgt man den NRK, so ist die Krise der modernen Welt nur durch eine postmoderne religiöse Lebenshaltung zu bewältigen. Ihr Rahmen ist durch vier Schlüsselwörter abgesteckt, die theologisch bedacht und ausgeleuchtet werden können.

- *Zweitens:* Folgt man der Kritik an den NRK, so ist die Krise der modernen Welt nur dadurch zu überwinden, daß man sie mit ihren säkularen Werten beim Wort nimmt. Auch das kann entlang der Schlüsselwörter geschehen.
- *Drittens:* Folgt man den durch die NRK aufgezeigten Herausforderungen, so eröffnet sich für die christlichen Kirchen neu die Chance, das Prophetische in sich aufflammen zu lassen und daran selbst zu gesunden.

Mit diesen drei Zugangswegen beschäftigt sich der abschließende Teil. Zuerst wird an zentralen kirchlichen Texten der letzten Jahrzehnte aufgezeigt, wie dort die Fragestellungen und Herausforderungen der NRK aufgenommen sind. Es läßt sich daraus eine „Theologie der Schlüsselwörter" weitgehend ableiten. Nach dieser positiven Aufnahme der NRK hat eine kritische Reflexion Platz zu greifen. Es wird sich zeigen, daß eine christliche Theologie nach den Maßstäben der NRK auch ohne deren postmoderne Vermystifizierungen und Synkretismen auskommt und damit im Rahmen des Projekts der Moderne bleibt. Drittens schließlich ist daraus nicht zu folgern, daß in der Kirche alles beim alten bleiben kann. Es wird sich zeigen, daß die Wahrheitsfrage zentral ist, aber auch, bis hinein in praktische Konkretisierungen, wie sie unter postmodernen Spielregeln christlich-prophetisch zu beantworten ist. Das Ergebnis ist eine christliche Form der Lebensqualität, die man als „erlöste Lebendigkeit" bezeichnen kann.

1. Theologie der Schlüsselwörter

In der bisherigen Beschäftigung mit den NRK ist deutlich geworden, daß ein einheitlicher inhaltlicher Überblick nicht durch eine „Dogmatisierung" ihrer Synkretismen, sondern nur durch strukturelle Schlüsselwörter geschehen kann. Diese geben die inhaltlichen Spielregeln der NRK vor, nicht aber, welcher konkreten Inhalte sich dieses Spiel bedient. Deshalb sind die NRK in der Regel, aber nicht notwendig, synkretistisch. Sie können auch explizit christlich sein. Daraus erklärt sich die zustimmende Begeisterung, die manche Christen, z. B. Schiwy oder Steindl-Rast, für sie hegen.

1.1 Bibeltheologische Ansatzpunkte

Es wäre interessant nachzuprüfen, wieweit sich die Schlüsselwörter wirklich dogmatisch korrekt christlich füllen lassen. Da das systematisch bisher nicht geschehen ist, können hier nur einige Ansätze dazu versucht werden. Es läßt sich vermuten, daß der Bewußtseinswandel christlich über eine Reich-Gottes-Theologie zu beschreiben ist. Die Ganzheitlichkeit könnte in einer Schöpfungstheologie abgedeckt sein. Dem Ansatz der Spiritualität wird eine Heilig-Geist-Theologie gerecht. Und der Netzwerkgedanke ließe sich in einer Volk-Gottes-Theologie christlich zum Ausdruck bringen.

Der Bewußtseinswandel umfaßt drei Dimensionen: Krisenbewußtsein, Paradigmenwechsel und Transformation. In einer *Reich-Gottes-Theologie* könnte das heißen: Wer wachen Auges durch die Welt geht, stößt dauernd auf die Folgen der Sünde. Menschen leiden unter Krieg, Elend und Umweltzerstörung, werden zu Sklaven der Arbeit, der Technik oder des Konsums und gehen an Zivilisationskrankheiten, Seuchen und Drogen zugrunde. Wir sind ausgezogen, um mittels moderner Technik die Welt zum Paradies zu machen – und haben uns zum Teil die Hölle des Fortschritts eingehandelt. Wir wollten besser sein als der Schöpfergott und sind einander zu „Wölfen" geworden. Diese Erfahrung, daß der Mensch zugleich herrlich und elend ist, macht jede Zeit auf neue Weise. Sie zieht sich bereits durch die Bibel: Krisenbewußtsein ist keine Erfindung der NRK.

Am Anfang des Markusevangeliums ist auch gleich von einem neuen Paradigma die Rede, das Jesus in das Zentrum seiner Botschaft stellt:

> Er verkündete das Evangelium Gottes und sprach: Die Zeit ist erfüllt, das Reich Gottes ist nahe. Kehrt um, und glaubt an das Evangelium! (Mk 1,14b–15)

Etwas ausführlicher findet man bei Lukas dargestellt, worin diese neue Zeit besteht. Jesus liest am Sabbat in der Synogoge die Verheißung des Propheten Jesaja vor – in ihm hat sie sich erfüllt:

Er schlug das Buch auf und fand die Stelle, wo es heißt:
Der Geist des Herrn ruht auf mir;
denn der Herr hat mich gesalbt.
Er hat mich gesandt,
damit ich den Armen eine gute Nachricht bringe;
damit ich den Gefangenen die Entlassung verkünde
und den Blinden das Augenlicht;
damit ich die Zerschlagenen in Freiheit setze
und ein Gnadenjahr des Herrn ausrufe.
Dann schloß er das Buch, gab es dem Synagogendiener und
setzte sich. Die Augen aller in der Synagoge waren auf ihn
gerichtet. Da begann er, ihnen darzulegen: Heute hat sich das
Schriftwort, das ihr eben gehört habt, erfüllt. (Lk 4,17b–21)

Mit Jesus hat also nach christlichem Glauben eine neue
Zeit angefangen. Es ist jene schon im Alten Bund *verheißene
Heilszeit* Gottes, wo Schwerter zu Pflugscharen werden, der
Wolf mit dem Lamm spielt, die Armen reich beschenkt sind
und jede Träne trocknet. Daß das nicht ferne Utopien sind,
macht Jesus in seinen Heilungen wahr und in seinen Gleichnissen auf vielfache Weise anschaulich. Die Spielregeln dieser
neuen Zeit sind in der Bergpredigt ausgefaltet und im Liebes-
gebot zusammengefaßt:

Einer von ihnen, ein Gesetzeslehrer, wollte ihn auf die Probe
stellen und fragte ihn: Meister, welches Gebot im Gesetz ist das
wichtigste? Er antwortete ihm: *Du sollst den Herrn, deinen Gott,
lieben mit ganzem Herzen, mit ganzer Seele* und mit all deinen
Gedanken. Das ist das wichtigste und erste Gebot. Ebenso wichtig ist das zweite: *Du sollst deinen Nächsten lieben wie dich selbst.*
An diesen beiden Geboten hängt das ganze Gesetz samt den
Propheten. (Mt 22,35–40)

Paulus bringt das, was das Reich Gottes ist und nicht ist,
auf einen sehr modernen Punkt:

Das Reich Gottes ist nicht Fressen und Saufen, sondern Gerechtigkeit, Friede und Freude im Heiligen Geist. (Röm 14,17)

Der Bewußtseinswandel der NRK, explizit christlich dargestellt, besagt also: Wer nicht blind oder ignorant ist, der
sieht die heillosen Folgen menschlichen Göttlichkeitswahns.

Das muß uns aber nicht in Verzweiflung stürzen, denn mit Jesus Christus hat eine neue Zeit angefangen. Für unsere Kultur ist das so grundlegend, daß wir unsere gesamte Zeitrechnung danach ausrichten. Diese neue Zeit ist durch ein neues Paradigma gekennzeichnet, das von Propheten schon vorher gesehen worden war: das Reich Gottes, Gerechtigkeit, Frieden und Freude sind unter uns lebendig geworden. Wer es erfahren will, der muß umkehren, eine Transformation durchlaufen, sich immer mehr mit dieser Frohen Botschaft (Evangelium) beschenken lassen. Er wird dabei zum neuen Menschen und läßt das Reich Gottes gleichzeitig für seine Umgebung ebenfalls wahr werden. Das geschieht nur zu einem geringen Teil durch persönliche Anstrengung, sondern ist das großzügige Geschenk eines mächtigen Gottes, das niemand und nichts mehr zerstören kann.

Dieses Reich Gottes ist allumfassend und ganzheitlich, denn es ist in der *Schöpfung* grundgelegt. Drei Formulierungen durchziehen den Schöpfungsbericht: „Gott sprach – es wurde – es war sehr gut".[82] Wir leben also in der grundsätzlich guten Schöpfung Gottes, die alles umfaßt. Dabei ist der Kosmos – also die Ordnung des Geschaffenen – Gottes Werk, aber nicht Gott selbst. Wie bei einem Künstler ist sein Werk stärkster Ausdruck seiner Persönlichkeit, aber nicht er selbst. Am stärksten ist der Mensch Ebenbild Gottes, wie ein Kind, von dem man sagt: „ganz der Vater" oder „ganz die Mutter". Und trotzdem wissen wir, daß es eine eigenständige und unverwechselbare Persönlichkeit ist. Ein Kind lernt auch, frei zu entscheiden, oft auch trotzig gegen die Eltern. Selbst wenn es sich ganz gegen sie wenden sollte, wird es seine Verwandtschaft und Kindschaft nie ablegen können. Die Bibel erzählt in mehreren Anläufen vom Verhalten der Menschen gegen den Schöpfergott: Sie essen vom Baum der Erkenntnis und verlieren die paradiesische Unschuld (Adam und Eva: Gen 3), Neid und Mißgunst entzweien sie bis zum Brudermord (Kain und Abel: Gen 4); mit technischen Leistungen wollen sie den Himmel erobern und verlieren dabei das Verständnis füreinander (Turmbau zu Babel und Sprachenverwirrung: Gen 11). Der Teufel spielt in der Bibel keine Rolle; es ist der Mensch, der durch Eigenmächtigkeit und Selbstüberschätzung das Böse hervorbringt, wo er das Gute wollte.

Erinnern wir uns an den Ganzheitlichkeitsbegriff der NRK: Alles ist gut und göttlich, im einzelnen aber von beschränkter Bedeutung; und die Wahrheit ist nicht in der Mitte, sondern in der Tiefe. Dieser Ganzheitlichkeitsbegriff ist ein physikalischer, an den Verhältnissen der materiellen Welt ausgerichtet. In ihren Energien wird das Göttliche gesichtet. Der biblische Schöpfungsbegriff ist personal, an der Beziehungswelt ausgerichtet. Damit kann Gott der Schöpfer und gleichsam die „Seele" von allem sein, ohne darin aufzugehen. Gott bewirkt die Schöpfung und prägt ihr Wesen, aber er ist sie nicht, geht nicht in ihr auf. Der einzelne hat nur beschränkte Bedeutung und ist doch gleichzeitig eine unüberbietbar eigenständige Welt. Er ist die Krone der Schöpfung und deshalb ein Teil von ihr.

Die Erzählungen von Schöpfung und Urgeschichte der Menschheit stehen in der Bibel am Anfang, gehören aber nicht zu den ältesten Schichten jener Bibliothek von Schriften, die zum „Buch" der Bibel zählen. In ihnen denkt ein Volk, das sich von seinem Gott durch die Geschichte geführt weiß, über die eigenen Anfänge und den Anfang von allem nach. Es kommt zu dem Schluß, daß das, was ihr ganzes Leben bestimmt, schon von Anfang an bestimmend gewesen sein muß: Gott ist ein Gott-mit-uns. Die Bibel kann nicht säkular denken, ihr ist Spiritualität als *Gottesbezogenheit* selbstverständlich. Die Propheten klagen die Gottvergessenheit und den Götzendienst des Volkes an. In den Psalmen kann der Beter einen Gott anrufen, der ihm fern geworden ist und ihn vergessen zu haben scheint. Ein Leben nach dem philosophischen „Tod Gottes" – Voraussetzung der NRK – ist ihnen fremd. Das, was die NRK „Spiritualität" nennen, ist der biblischen Tradition jedoch in beiderlei Hinsicht geläufig: als Gotteserfahrung der Menschen und als Durchsichtigkeit der Welt auf Gott hin.

Nach der Bibel ist es der *Geist Gottes*, der am Anfang über den Wassern schwebt und dem Menschen eingehaucht wird. Er ruht auf Moses und David, erfüllt die Propheten und bestimmt die Sittlichkeit der Gerechten. Jesus wird im Geist empfangen, der Geist kommt über ihn bei der Taufe, treibt ihn in die Wüste und verkündet in ihm die Frohbotschaft vom Reich Gottes. Jesus betet im Heiligen Geist, gibt ihn im Tod an den Vater zurück und erlebt in ihm die Herrlichkeit der Auferweckung. Zu Pfingsten erfaßt der Geist die Jünger und befähigt sie zu einem neuen Leben und Zeugnis. Durch die Taufe ist jeder Christ hineingenommen in dieses neue geistgewirkte Leben, er erfährt seine Wiedergeburt in Christus. Durch die Gaben des Geistes wird die Kirche aufgebaut: durch tätige Bruderliebe, Freude, Geduld, Freundlichkeit, Güte, Treue, Milde und Demut. In ihm werden wir schließlich einen neuen Himmel und eine neue Erde erleben, und die ganze Schöpfung wird an der Herrlichkeit Gottes Anteil haben.

Die Spiritualität der Bibel ist also den NRK vergleichbar, aber weit umfassender in ihren Dimensionen. Sie nimmt vom Anfang bis an das Ende der Zeiten die ganze Schöpfung und den Menschen hinein in das kraftvolle Wirken des Geistes Gottes, in dem der neue Mensch bereits durch die Taufe lebt. Als Person erfährt er sich auch in seiner Schuldhaftigkeit als Ebenbild eines personalen Gottes, der sich als der offenbart, der immer für und mit seinem Volk da ist. Was die NRK „Netzwerk" nennen, entsteht also in der Bibel nicht durch freie Verbindungen unter denen, die sich für das neue Paradigma begeistern, sondern durch Gott und seine Zuwendung zum Menschen.

In der Bibel schließt Gott einen *„Bund"* mit den Menschen: zuerst mit Noah nach der Sintflut im Zeichen des schöpfungsumfassenden Regenbogens[83], dann mit dem altersschwachen Abraham, auf daß seine Nachkommen die ganze Erde bevölkern.[84] Zentral für das Erste Testament ist der Sinaibund[85], in dem Gott Israel zu seinem Volk erwählt und ihm seinen Namen offenbart: „Jahwe" = „Ich bin für euch da"[86], und verheißt, immer unter dem Volk zu wohnen (im Heiligtum). Er gibt ihm das Gesetz als Lebensregeln des Bundes. Im erwarteten Messias schließt dieser Gott den unüberbietbar größten Bund mit seinem Volk: Er wird selbst Mensch. Jesus erfährt sich zuerst an das Volk Israel gesandt. Sein Vermächtnis im Evangelium nach Matthäus dehnt es auf alle Welt und alle Zeiten aus:

> Mir ist alle Macht gegeben im Himmel und auf der Erde. Darum geht zu allen Völkern, und macht alle Menschen zu meinen Jüngern; tauft sie auf den Namen des Vaters und des Sohnes und des Heiligen Geistes, und lehrt sie, alles zu befolgen, was ich euch geboten habe. Seid gewiß: Ich bin bei euch alle Tage bis zum Ende der Welt. (Mt 28,17–20)

Das „Netzwerk" des Reiches Gottes ist also eines, das quer durch die Geschichte und alle Kulturen aus jenen Menschen besteht, die ihm „geistesverwandt" sind. Es hat in den christlichen Kirchen und Gemeinden verläßliche Knotenpunkte gefunden, wenngleich der Geist „weht, wo er will" (Joh 3,8). Das *Volk Gottes* ist so mitten in der Welt und ihren Leiden, Sorgen und Sünden unterworfen, von Gott begnadet und erwählt, „Zeichen und Werkzeug"[87] seines Heils zu sein.

Der kurze biblische Befund hat also erbracht, daß die Schlüsselwörter der NRK sich christlich prägen lassen. Mehr noch: Die Bibel überbietet die modernen Sehnsüchte durch den Glauben an einen Gott, der sich als Verheißung selbst an die Menschen verschenkt und durch alle Nöte hindurch die Welt, die Menschheit und die Geschichte zu einem unübertreffbar guten Ende führen wird, dessen Anfänge bereits jetzt das neue Leben jener bestimmen, die es sich schenken lassen.

1.2 Der Befund des Konzils

Das Zweite Vatikanische Konzil Anfang der 60er Jahre hat die bibeltheologische Ausrichtung des katholischen Glaubens wieder stark aufgenommen und zudem die pastorale Blickrichtung in den Mittelpunkt kirchlicher Überlegungen gestellt. Im Verhältnis zu den Zugängen und Sehnsüchten der NRK ist es modern, aber – der damaligen Zeit entsprechend – sehr *fortschrittsoptimistisch*. Es hat noch keinen Blick für die Krisen der Moderne und ihre katastrophalen Folgen für die Armen der Erde und eine ökologisch intakte Umwelt. Dennoch mahnt es, die Weisheit als Ausgleich zur vorherrschenden technischen Vernunft zu suchen:

> 15. *(Die Würde der Vernunft, die Wahrheit und die Weisheit.)* In Teilnahme am Licht des göttlichen Geistes urteilt der Mensch richtig, daß er durch seine Vernunft die Dingwelt überragt ... In unserer Zeit aber hat er mit ungewöhnlichem Erfolg besonders die materielle Welt erforscht und sich dienstbar gemacht. Immer jedoch suchte und fand er eine tiefere Wahrheit ...
> Die zu erstrebende Vollendung der Vernunftsnatur der menschlichen Person ist die Weisheit, die den Geist des Menschen sanft zur Suche und Liebe des Wahren und Guten hinzieht und den durch sie geleiteten Menschen vom Sichtbaren zum Unsichtbaren führt.
> Unsere Zeit braucht mehr als die vergangenen Jahrhunderte diese Weisheit, damit humaner wird, was Neues vom Menschen entdeckt wird. Es gerät nämlich das künftige Geschick der Welt in Gefahr, wenn nicht weisere Menschen entstehen ... (GS 15)

Der Bewußtseinswandel des Konzils richtet sich vom Blick auf die Strukturfragen der Kirche weg und hin zu der *Verbundenheit mit dem alltäglichen Leben* der Menschen, denen das Heil Gottes begegnen kann. So beginnt die oben zitierte Pastoralkonstitution:

> 1. *(Die engste Verbundenheit der Kirche mit der ganzen Menschheitsfamilie.)* Freude und Hoffnung, Trauer und Angst der Menschen von heute, besonders der Armen und Bedrängten aller Art, sind auch Freude und Hoffnung, Trauer und Angst der Jünger Christi. Und es gibt nichts wahrhaft Menschliches, das nicht in ihren Herzen einen Widerhall fände. Ist doch ihre eigene Gemeinschaft aus Menschen gebildet, die, in Christus geeint, vom Heiligen Geist auf ihrer Pilgerschaft zum Reich des Vaters geleitet werden und eine Heilsbotschaft empfangen haben, die allen auszurichten ist. Darum erfährt diese Gemeinschaft sich mit der Menschheit und ihrer Geschichte wirklich engstens verbunden. (GS 1)

In diesem Sinn versteht sich die Kirche selbst als

> ... gleichsam das Sakrament, das heißt Zeichen und Werkzeug für die innigste Vereinigung mit Gott wie für die Einheit der ganzen Menschheit. (LG 1)

Etwas später in derselben Kirchenkonstitution wird der ganze biblische Weg der *Heilsgeschichte* nachgezeichnet: das Volk Gottes, berufen zu Liebe und Freiheit, bestimmt für das Reich Gottes, im Heiligen Geist geleitet, bis die ganze Schöpfung zur Herrlichkeit befreit ist.

9. Zu aller Zeit und in jedem Volk ruht Gottes Wohlgefallen auf jedem, der ihn fürchtet und gerecht handelt (vgl. Apg 10,35). Gott hat es aber gefallen, die Menschen nicht einzeln, unabhängig von aller wechselseitigen Verbindung, zu heiligen und zu retten, sondern sie zu einem Volke zu machen, das ihn in Wahrheit anerkennen und ihm in Heiligkeit dienen soll ...

Dieses messianische Volk hat zum Haupte Christus, „der hingegeben worden ist wegen unserer Sünden und auferstanden ist um unserer Rechtfertigung willen" (Röm 4,25) und jetzt voll Herrlichkeit im Himmel herrscht, da er den Namen über allen Namen erlangt hat. Seinem Stande eignet die Würde und die Freiheit der Kinder Gottes, in deren Herzen der Heilige Geist wie in einem Tempel wohnt. Sein Gesetz ist das neue Gebot (vgl. Joh 13,34), zu lieben, wie Christus uns geliebt hat. Seine Bestimmung endlich ist das Reich Gottes, das von Gott selbst auf Erden grundgelegt wurde, das sich weiter entfalten muß, bis es am Ende der Zeiten von ihm auch vollendet werde, wenn Christus, unser Leben (vgl. Kor 3,4), erscheinen wird und „die Schöpfung selbst von der Knechtschaft der Vergänglichkeit zur Freiheit der Herrlichkeit der Kinder Gottes befreit wird" (Röm 8,21). So ist denn dieses messianische Volk, obwohl es tatsächlich nicht alle Menschen umfaßt und gar oft als kleine Herde erscheint, für das ganze Menschengeschlecht die unzerstörbare Keimzelle der Einheit, der Hoffnung und des Heils. Von Christus als Gemeinschaft des Lebens, der Liebe und der Wahrheit gestiftet, wird es von ihm auch als Werkzeug der Erlösung angenommen und als Licht der Welt und Salz der Erde (vgl. Mt 5,13–16) in alle Welt gesandt ... (LG 9)

Das Konzil lebt also in der biblischen Verheißung des Reiches Gottes. Seine Spiritualität ist kirchlich und biblisch orientiert. Am Ende des dritten Kapitels der Pastoralkonstitution über „Das menschliche Schaffen in der Welt" entwikkelt es seine *Vision von einer neuen Erde und einem neuen Himmel,* die durch irdischen Fortschritt schon vorbereitet sind und alle Sehnsucht stillen werden:

39. *(Die neue Erde und der neue Himmel.)* Den Zeitpunkt der Vollendung der Erde und der Menschheit kennen wir nicht, und auch die Weise wissen wir nicht, wie das Universum umgestaltet werden soll. Es vergeht zwar die Gestalt dieser Welt, die durch die Sünde mißgestaltet ist, aber wir werden belehrt, daß Gott eine neue Wohnstätte und eine neue Erde bereitet, auf der die Gerechtigkeit wohnt, deren Seligkeit jede Sehnsucht nach Frieden in den Herzen der Menschen erfüllt und übertrifft. Der Tod wird besiegt sein, die Kinder Gottes werden in Christus auferweckt werden, und was in Schwachheit und Verweslichkeit gesät wurde, wird sich mit Unverweslichkeit bekleiden. Die Liebe wird bleiben wie das, was sie einst getan hat, und die ganze Schöpfung, die Gott um des Menschen willen schuf, wird von der Knechtschaft der Vergänglichkeit befreit sein.

Zwar werden wir gemahnt, daß es dem Menschen nichts nützt, wenn er die ganze Welt gewinnt, sich selbst jedoch ins Verderben bringt; dennoch darf die Erwartung der neuen Erde die Sorge für die Gestaltung dieser Erde nicht abschwächen, auf der uns der wachsende Leib der neuen Menschenfamilie eine umrißhafte Vorstellung von der künftigen Welt geben kann, sondern muß sie im Gegenteil ermutigen. Obschon der irdische Fortschritt eindeutig vom Wachstum des Reiches Christi zu unterscheiden ist, so hat er doch große Bedeutung für das Reich Gottes, insofern er zu einer besseren Ordnung der menschlichen Gesellschaft beitragen kann.

Alle guten Erträgnisse der Natur und unserer Bemühungen nämlich, die Güter menschlicher Würde, brüderlicher Gemeinschaft und Freiheit, müssen im Geist des Herrn und gemäß seinem Gebot auf Erden gemehrt werden; dann werden wir sie wiederfinden, gereinigt von jedem Makel, lichtvoll und verklärt, dann nämlich, wenn Christus dem Vater „ein ewiges, allumfassendes Reich übergeben wird: das Reich der Wahrheit und des Lebens, das Reich der Gerechtigkeit, der Liebe und des Friedens". Hier auf Erden ist das Reich schon im Geheimnis da; beim Kommen des Herrn erreicht es seine Vollendung. (GS 39)

Das Konzil ist also durchdrungen von der Verheißung des Reiches Gottes, das unter uns als Geheimnis lebendig ist. Es wird durch den irdischen Fortschritt schon ansatzhaft verwirklicht und durch die Kirche zeichenhaft dargestellt. Sein Weg ist durch Christus und den Heiligen Geist ein Weg der Menschen inmitten der Welt.

1.3 Die Hoffnungsperspektive der Gemeinsamen Synode der Deutschen Bistümer

Die Deutsche Synode ist angetreten, um den Weg des Konzils für den eigenen Bereich konkret und fruchtbar zu machen. Ein Jahrzehnt danach (1975) gibt der Synodenbeschluß „Unsere Hoffnung" Rechenschaft über den Weg der Kirche. Das Dokument ist von derselben Perspektive beseelt wie das Konzil. Doch es geht an die Zeichen der Zeit mit einem differenzierteren Blick heran und spricht über die christliche Hoffnung in einer alltäglicheren Sprache. Gegen stark resignative Tendenzen, die sich nach Verebben der Aufbruchseuphorie des Konzils breitgemacht hatten, strahlt es *nüchterne Zuversicht* aus, obwohl es deutlich die Probleme und Herausforderungen sieht.

> Eine Kirche, die sich erneuern will, muß wissen, wer sie ist und wohin sie zielt. Nichts fordert so viel Treue wie lebendiger Wandel ... So wollen wir von der tröstenden und provozierenden Kraft unserer Hoffnung sprechen – vor uns selbst, vor allen und für alle, die mit uns in der Gemeinschaft dieser Kirche leben, aber auch für alle, die sich schwertun mit dieser Kirche, für die Bekümmerten und Enttäuschten, für die Verletzten und Verbitterten, für die Suchenden, die sich nicht mit dem drohenden Verdacht der Sinnlosigkeit des Lebens abgefunden haben und für die deshalb auch Religion nicht von vornherein als durchschaute Illusion gilt, nicht als ein Restbestand früherer Kultur- und Entwicklungsstufen der Menschheit.
>
> In dieser Absicht wissen wir uns auch dem Ökumenischen Rat der Kirchen verbunden, der seinerseits alle Christen zur Rechenschaft über ihre Hoffnung aufgefordert hat. (17f)

In einem ersten Teil über das „Zeugnis der Hoffnung in unserer Gesellschaft" werden der Gott unserer Hoffnung, Leben und Sterben Jesu Christi, die Auferweckung der Toten, das Gericht, die Vergebung der Sünden, das Reich Gottes, die Schöpfung und die Gemeinschaft der Kirche angesprochen. Schon kurze Ausschnitte machen den *weltverbundenen* und gleichzeitig *in der gläubigen Tradition verwurzelten Blick* deutlich:

Der Name Gottes ist tief eingegraben in die Hoffnungs- und Leidensgeschichte der Menschheit …

Diese Hoffnungsgeschichte, in der sich Jesus als der lebendige Sohn Gottes erweist, ist keine ungebrochene Erfolgsgeschichte, keine Siegergeschichte nach unseren Maßstäben. Sie ist vielmehr eine Leidensgeschichte, und nur in ihr und durch sie hindurch können wir Christen von jenem Glück und jener Freude, von jener Freiheit und jenem Frieden sprechen, die der Sohn uns in seiner Botschaft vom „Vater" und vom „Reich Gottes" verheißen hat …

Die Hoffnung auf die Auferweckung der Toten, der Glaube an die Durchbrechung der Schranke des Todes macht uns frei zu einem Leben gegen die reine Selbstbehauptung, deren Wahrheit der Tod ist.[88]

Die Synode stellt also die *Leidensgeschichte als Hoffnungsgeschichte* gegen die Selbstbehauptung und Erfolgsbezogenheit der modernen Welt. Leben gibt es nur für den, der frei ist von der übersteigerten Daseinsangst der Selbstbezogenen und Erfolgsbesessenen. Deshalb ist selbst die christliche Botschaft vom Gericht Gottes eine hoffnungsvolle Verheißung, weil sie die Gleichheit aller Menschen – der Sieger und der Verlierer, der Starken und der Schwachen – in ihrer Lebensverantwortung sieht:

Dabei verschweigen wir nicht, daß die Botschaft vom Gericht Gottes auch von der Gefahr des ewigen Verderbens spricht …

Doch in ihr drückt sich gleichwohl ein verheißungsvoller Gedanke unserer christlichen Botschaft aus: nämlich der spezifisch christliche Gedanke von der Gleichheit aller Menschen, der nicht auf Gleichmacherei hinausläuft, sondern der die Gleichheit aller Menschen in ihrer praktischen Lebensverantwortung vor Gott hervorhebt, der aber auch allen, die Unrecht leiden, eine unverlierbare Hoffnung zusagt …

Der Glaube an die göttliche Vergebung … schenkt die Kraft, unserer Schuld und unserem Versagen ins Auge zu sehen und unser schuldiggewordenes Leben auf eine größere heilige Zukunft hin anzunehmen. Er macht uns frei. Er befreit uns von einer tiefsitzenden, inwendig fressenden Daseinsangst, die immer neu unser menschliches Herz in sich selbst verkrümmt. Er läßt uns nicht vor dem heimlichen Argwohn kapitulieren, daß unsere Macht zu zerstören und zu erniedrigen letztlich immer größer sei als unsere Fähigkeit zu bejahen und zu lieben.

Die durch Jesus angebotene Vergebung … erlöst uns von jener

sterilen Überforderung, in die uns ein moralisch angeschärfter Vollkommenheitswahn hineintreibt, der letztlich jede Freude an konkreter Verantwortung zersetzt. Der christliche Vergebungsgedanke hingegen schenkt gerade Freude an der Verantwortung.[89]

Die moderne Selbstbezogenheit schafft Angst und Zerstörung – so die Synode. Wer auf Gottes Vergebung hoffen darf, ist von Daseinsangst und Vollkommenheitswahn befreit und wird dadurch erst frei für Verantwortung. Das prägt auch das christliche Verhältnis zu gesellschaftlichen Utopien:

> Die Verheißungen des Reiches Gottes, das durch Jesus unter uns unwiderruflich angebrochen und in der Gemeinschaft der Kirche wirksam ist, führen uns mitten in unsere Lebenswelt hinein – mit ihren je eigenen Zukunftsplänen und Utopien ... Denn die Verheißungen des Reiches Gottes sind nicht gleichgültig gegen das Grauen und den Terror irdischer Ungerechtigkeit und Unfreiheit, die das Antlitz des Menschen zerstören. Die Hoffnung auf diese Verheißung weckt in uns und fordert von uns eine gesellschaftskritische Freiheit und Verantwortung, die uns vielleicht nur deswegen so blaß und unverbindlich, womöglich gar so „unchristlich" vorkommt, weil wir sie in der Geschichte unseres kirchlichen und christlichen Lebens so wenig praktiziert haben ... Das Reich Gottes ist nicht indifferent gegenüber den Welthandelspreisen!
>
> Dennoch sind seine Verheißungen nicht etwa identisch mit dem Inhalt jener sozialen und politischen Utopien, die einen neuen Menschen und eine neue Erde, eine geglückte Vollendung der Menschheit als Resultat gesellschaftlich-geschichtlicher Kämpfe und Prozesse erwarten und anzielen. Unsere Hoffnung erwartet eine Vollendung der Menschheit aus der verwandelnden Macht Gottes, als endzeitliches Ereignis, dessen Zukunft für uns in Jesus Christus bereits unwiderruflich begonnen hat.[90]

Die christliche Verheißung ist weder ignorant gegen die himmelschreienden modernen Ungerechtigkeiten noch gegen ihre großartigen gesellschaftlichen Utopien. Sie erwartet die Erfüllung unserer Sehnsüchte erst durch die *endzeitlich wirkende Macht Gottes*. Das ist keine Vertröstung, weil diese Zukunft bereits begonnen hat. In sie ist die ganze Schöpfung hineingenommen:

Unsere Hoffnung setzt den Glauben an die Welt als Schöpfung Gottes voraus. Und in der Hoffnung auf den neuen Himmel und die neue Erde kommt unser Schöpfungsglaube an sein Ziel ... Deshalb gehört zu unserer Hoffnung die Bereitschaft, diese unsere tödliche, in sich verfeindete und leidvoll zerrissene Welt ohne Zynismus und ohne schlechte Naivität als letztlich zustimmungsfähig anzuerkennen, als verborgenen Anlaß zur Dankbarkeit und zur Freude: als Schöpfung Gottes ... Jedenfalls dürfen wir Christen nicht aufhören, unsere Hoffnung als ein Fest zu feiern, das unsere Lebenswelt durchstrahlt und in dem auch etwas von der Solidarität der Gesamtschöpfung aufscheint, innerhalb deren der Mensch zur Herrschaft, nicht aber zur Willkür eingesetzt ist.[91]

Weil Gott sie trägt, wird die zerstörerische Macht des Menschen nicht das letzte Wort haben. Deshalb sind die Freude an der Schöpfung und die Dankbarkeit gegen den Schöpfer angebracht – ohne Naivität oder Zynismus. Nicht zuletzt ist es die Kirche, die zum *Fest der Schöpfung* aufgerufen ist, weil in ihr das Reich Gottes ansatzhaft wirklich ist:

„Neue Schöpfung" ist anfanghaft verwirklicht in der Gemeinschaft der Kirche ... Die Kirche ist nicht selbst das Reich Gottes, wohl ist dieses „in ihr im Mysterium schon gegenwärtig" (LG 3). Sie ist deshalb nicht eine reine Gesinnungsgemeinschaft, sie ist kein zukunftsorientierter Interessenverband ... Nur wenn wir die behördlichen Spezialisierungen und Organisierungen in ihrer unentbehrlichen Dienstfunktion richtig einschätzen und ihre konkreten Erscheinungsformen nicht zum unwandelbaren, gottgewollten Ausdruck der Kirche aufsteigern, werden wir auch genug innere Beweglichkeit im kirchlichen Leben gewinnen, um in ihm das Zeugnis einer lebendigen Hoffnungsgemeinschaft inmitten einer überorganisierten unpersönlichen Lebenswelt verwirklichen zu können.[92]

Es besteht also kein Grund, die Kirche triumphalistisch mit dem Reich Gottes gleichzusetzen. Sie ist aber auch mehr als ein Zukunftsverein. Was das konkret bedeutet, zeigt der zweite Teil auf, wenn er von der *vielfältigen Verantwortung* des Volkes Gottes spricht. Im dritten Teil wird das inhaltlich auf die „Wege der Nachfolge" konkretisiert. Gehorsam, Armut, Freiheit und Freude in der Nachfolge Christi sind die Leitlinien dazu. Angesichts dieser Herausforderungen ist Kritik an der eigenen *Kirchenentwicklung* angebracht:

Vielleicht haben wir uns inzwischen selbst schon zu sehr anpassen lassen, indem wir weitgehend jenen Platz und jene Funktion eingenommen haben, die uns nicht einfach der Wille Gottes, sondern der geheimnislose Selbsterhaltungswille unserer totalen Bedürfnisgesellschaft und das Interesse an ihrem reibungslosen Ablauf zudiktiert haben. Vielleicht erwecken wir schon zu sehr den Anschein einer gesellschaftlichen Einrichtung zur Beschwichtigung von schmerzlichen Enttäuschungen, zur willkommenen Neutralisierung von unbegriffenen Ängsten und zur Stillegung gefährlicher Erinnerungen und unangepaßter Erwartungen. Der Gefahr einer solchen schleichenden Anpassung an die herrschenden gesellschaftlichen Erwartungen, der Gefahr, als Kreuzesreligion zur Wohlstandsreligion zu werden, müssen wir ins Auge sehen. Denn wenn wir ihr wirklich verfallen, dienen wir schließlich keinem, nicht Gott und nicht den Menschen.[93]

Von der „Kreuzesreligion" zur „Wohlstandsreligion", angepaßt an den „geheimnislosen Selbsterhaltungswillen" einer „totalen Bedürfnisgesellschaft" ... Deshalb führt die Nachfolge in die Armut und damit in die *Freiheit der Liebe*. Die Synode formuliert berührend:

Im Gebet verwurzeln wir uns in dieser Freiheit. Denn Beten macht frei, frei von jener Angst, die die Phantasie unserer Liebe verkümmern läßt und uns übermächtig auf die Sorge um uns selbst zurückwirft ... Wir werden schließlich unsere intellektuellen Bezweifler eher überstehen als die sprachlosen Zweifel der Armen und Kleinen und ihre Erinnerungen an das Versagen der Kirche.[94]

Zur Freiheit jedoch hatte die Kirche immer ein zwiespältiges Verhältnis. Mehr Mut auch zu innerkirchlicher Freiheit und einem positiveren Verhältnis zur modernen Freiheitsgeschichte könnte aus dieser Verwurzelung in die Freiheit der Kinder Gottes erwachsen. Untrügliches Kennzeichen dafür ist die *Freude:*

Gerade heute ist diese Freude ein hervorragendes Zeugnis für die Hoffnung, die in uns ist. In einer Zeit, in der der Glaube und seine Hoffnung immer mehr dem öffentlichen Verdacht der Illusion und der Projektion ausgesetzt ist, wirkt vor allem diese Freude überzeugend: sie nämlich kann man am wenigsten auf Dauer sich selbst und anderen vortäuschen. So zielt schließlich alle Erneuerung unseres kirchlichen Lebens darauf, daß diese Freude sich in ungezählten Brechungen im Antlitz unserer Kirche spiegele und daß so das Zeugnis der Hoffnung in unserer Gesellschaft zu einer Einladung zur Freude wird.[95]

Aus diesen Wegen in die Nachfolge sieht die Synode für die Kirche Deutschlands eine *Sendung* für die Gesamtgesellschaft und -kirche. Besonders erwähnt sie dabei die Sorge um die Einheit der Christen, das Verhältnis zum jüdischen Volk, die Tischgemeinschaft mit den Armen und den Einsatz für eine lebenswürdige Zukunft der Menschheit. Getragen sind all diese Bemühungen vom *Vertrauen* auf die erneuernde Kraft Gottes:

Unsere Bereitschaft zu gesamtgesellschaftlichen Verpflichtungen bewährt sich schließlich in unserem Einstehen für Gerechtigkeit, Freiheit und Frieden in der Welt. Dabei rückt uns der Auftrag unserer Hoffnung auch anderen nahe, die solche Ziele in selbstlosem Einsatz anstreben und die allen Formen der Unterdrückung widerstehen, durch die das Antlitz des Menschen zerstört wird.
Alle unsere Initiativen messen sich letztlich am Maße der „einen Hoffnung, zu der wir berufen sind" (vgl. Eph 4,4). Diese Hoffnung kommt nicht aus dem Ungewissen und treibt nicht ins Ungefähre. Sie wurzelt in Christus, und sie klagt auch bei uns Christen des späten 20. Jahrhunderts die Erwartung seiner Wiederkunft ein. Sie macht uns immer neu zu Menschen, die inmitten ihrer geschichtlichen Erfahrungen und Kämpfe ihr Haupt erheben und dem messianischen „Tag der Herrn" entgegenblicken: „Dann sah ich einen neuen Himmel und eine neue Erde ... Und ich hörte eine gewaltige Stimme vom Thron her rufen: Seht das Zelt Gottes unter den Menschen! Er wird in ihrer Mitte wohnen, und sie werden sein Volk sein; und Gott selbst wird mit ihnen sein. Er wird jede Träne aus ihren Augen wischen: Der Tod wird nicht mehr sein, nicht Trauer noch Klage noch Mühsal ... Und der auf dem Thron saß, sprach: Neu mache ich alles" (Off 21,1.3–5).[96]

*Die Deutsche Synode sieht also die Probleme der modernen
Welt, zumal im Bereich der Gerechtigkeit und der Bewahrung der
Schöpfung. Sie macht darin „Verantwortung" zum zentralen Thema,
gesteht mit nüchternem Blick das häufige Versagen der Kirche ein
und sieht es gerade deshalb als ihre Aufgabe, „Rechenschaft über
ihre Hoffnung" zu geben. Sie wurzelt im verheißenen Reich Gottes,
das als Realität und Geheimnis bereits im Volk Gottes lebendig ist.
Im Verhältnis zu den NRK – ohne diese im Blick zu haben – betont
sie Hoffnung und Nachfolge gegen Bedürfnisbezogenheit, ego-
zentrische Selbsterhaltung und moralischen Vollkommenheitswahn.*

1.4 Der Konziliare Prozess im Schlussdokument von Basel

Die späten 80er Jahre standen in der europäischen Chri-
stenheit im Zeichen eines ökumenischen „konziliaren Prozesses zu Frieden in Gerechtigkeit", der von der KEK (Konferenz
Europäischer Kirchen) gemeinsam mit dem CCEE (Rat der
Europäischen Bischofskonferenzen) getragen war. Mit seinen
Themen Frieden, Gerechtigkeit und Bewahrung der Schöpfung steht er in Kontinuität etwa zur Deutschen Synode. Ein
Jahrzehnt später (1989) allerdings dominieren *Krisen- und
Schuldbewußtsein* und die Überzeugung, daß nun auch vor
allem von seiten der Christen endlich wirksames Handeln
gefordert ist:

> 8. Wir sind zunehmend mit immer stärker ineinander verfloch-
> tenen Problemen konfrontiert, die das Überleben der Mensch-
> heit gefährden und eine globale Krise verursachen. Diese Pro-
> bleme sind unter den Begriffen Frieden, Gerechtigkeit und
> Umwelt erfaßt. Die Einsicht wächst, daß sie eng zusammenhän-
> gen und dringend gelöst werden müssen. Wenn nicht bald tief-
> greifende Veränderungen vorgenommen werden, wird sich
> diese Krise in den nächsten Jahren verschärfen. Was wir als Krise
> fürchten, wird für unsere Kinder und Enkel zu einer wirklichen
> Katastrophe.[97]

Die Gründe für die Weltprobleme, die als stark untereinander verflochten erkannt werden, liegen im modernen rui-
nösen *Fortschrittsglauben:*

19. Der tiefere Grund für diese Fehlentwicklung ist in den Herzen der Menschen, in ihrer geistigen Einstellung und Mentalität zu suchen: in der Täuschung, er sei fähig, die Welt zu gestalten; in der Vermessenheit, in der er die Rolle überschätzt, die er in bezug auf das Leben als ganzes spielen kann; in der Vorstellung eines ständigen Wirtschaftswachstums ohne Bezug auf ethische Werte, die den Wirtschaftsordnungen im Osten wie auch im Westen zugrunde liegt; in der Überzeugung, daß dem Menschen die geschaffene Welt zur Ausbeutung nach seinem eigenen Belieben und nicht zum Bewahren und Bebauen übergeben wurde; in dem blinden Vertrauen, daß neue Entdeckungen die jeweils entstehenden Probleme schon lösen werden, so wie sie auftreten, und daß man deshalb nicht auf die von uns selbst geschaffenen Risiken und Gefahren zu achten brauche.
20. Zweifellos brauchen wir das Können und die Fähigkeiten von Wissenschaft und Technologie für die Bewältigung unserer Zukunft. Wenn wir aber der Sache der Gerechtigkeit, des Friedens und der Bewahrung der Schöpfung dienen wollen, müssen die an Technik und Wissenschaft geknüpften Erwartungen grundlegend überprüft werden. Als Christen können wir nicht unkritisch eine Ideologie des durch den Menschen geschaffenen Fortschritts vertreten, die nicht die ganze Person angemessen berücksichtigt. Wir können daher das blinde Vertrauen in die menschlichen Fähigkeiten nicht teilen. Andererseits wenden wir uns aber auch entschieden gegen die wachsende Neigung zur Ohnmacht, Resignation oder Verzweiflung. Christliche Hoffnung ist für uns eine Bewegung gegen jeden Fatalismus. Wir glauben, daß wir durch die Umkehr zu Christus die volle Bedeutung des menschlichen Lebens erkennen.

Die christliche Hoffnung ist also höchst kritisch gegen technische Vermessenheit und konsumistische Ausbeutung, aber auch gegen zynischen Fatalismus. Diese Hoffnung wurzelt in der Erwartung eines neuen Himmels und einer neuen Erde von Gott her. *Umkehr* zur Wahrheit des Evangeliums sei daher nötig. Die Kirchen haben sich ihr ebenso zu stellen. Sie können aber auch dankbar sein für die vielen *prophetischen Stimmen* aus ihren Reihen.

41. ...Wir glauben, daß die Zukunft sich uns öffnen wird, wenn wir uns Jesus Christus zuwenden. Die Sackgasse, in der wir uns heute befinden, ist letztlich darauf zurückzuführen, daß

wir von Gottes Wegen abgewichen sind. Wir wollen verkünden, daß Gott denen Zukunft eröffnet, die zu ihm umkehren.

42. Aber wir sind nicht in der Lage, so zu sprechen, als wären wir im vollen Besitz der endgültigen Wahrheit. Die Kirchen und Christen haben in vieler Hinsicht versagt und haben es nicht immer vermocht, Gottes Ruf zu leben; manchmal haben sie es sogar versäumt, die Wahrheit von Jesus Christus zu verkünden. Wir sind dankbar für das Zeugnis der Generationen vor uns. Wir danken für das Engagement der vielen Christen, die ihr Leben selbst bis ins Martyrium in den Dienst Christi gestellt haben. In den Kirchen haben zwar prophetische Stimmen rechtzeitig vor den anstehenden Gefahren gewarnt, aber wir müssen auch zugeben, daß das Zeugnis aller Christen nicht deutlich genug gewesen ist. Zu lange haben wir uns gegenüber den Auswirkungen und Forderungen des Evangeliums nach Gerechtigkeit, Frieden und Bewahrung der Schöpfung blind gezeigt. Gemeinsam mit anderen brauchen wir einen neuen Anfang.

Wie dieser neue Anfang konkret aussehen kann, dafür widmet die Versammlung den Großteil des Dokuments mit den Kapiteln V. im Grundsätzlichen und VI. mit praktischen Empfehlungen und Selbstverpflichtungen. Davor hat sie den gemeinsamen Glauben bekannt (III.) und ein Sündenbekenntnis und eine Umkehrverpflichtung abgelegt (IV.). Am Schluß steht die Überzeugung, daß die Versammlung ein Werk des Heiligen Geistes ist, aus dem auch Mut und Kraft zur *weiteren Umsetzung* der Vorhaben kommt:

99. Wir haben diese Versammlung zu Pfingsten begonnen, zum Zeitpunkt der Herabkunft des Heiligen Geistes. Am Anfang des Schlußdokuments sagten wir: Wir haben uns hier in Basel versammelt, um gemeinsam zu verstehen, was der Heilige Geist den Kirchen zu sagen hat.

Am Ende des Dokuments möchten wir bekräftigen, daß der Ökumenische Prozeß für Gerechtigkeit, Frieden und die Bewahrung der Schöpfung vor allem das Werk des Heiligen Geistes ist. Unter seiner Führung können wir diesen Prozeß fortsetzen und uns freudig und mit Mut darin engagieren. Wir glauben, daß der Heilige Geist die tiefste Quelle des Lebens, der Gerechtigkeit, des Friedens und der Bewahrung der Schöpfung ist.

Das Dokument von Basel ist also ein ökumenisches Schuld-bekenntnis und eine Selbstverpflichtung der europäischen Christen am Ende der 80er Jahre. Es erhebt prophetisch seine Stimme gegen eine moderne Fortschrittseuphorie und Ausbeutermentalität, die weltweit die großen Übel der Kriege, des Elends und der Umwelt-zerstörung bewirken. Die Versammelten wissen sich im Heiligen Geist getragen und bestärkt, wirksam für Frieden, Gerechtigkeit und die Bewahrung der Schöpfung einzutreten.

Insgesamt hat ein Durchblick durch die Bibel und kirch-liche Texte aus den letzten drei Jahrzehnten gemäß den Schlüsselwörtern der NRK ergeben:

- Erstens: Die Kirche besinnt sich mit dem Konzil darauf, daß die Botschaft vom Reich Gottes in der Bibel zentral ist. Wir glauben, daß mit Christus eine neue Zeit angebro-chen ist, in der die Spielregeln des göttlichen Lebens sich in der Welt bereits durchgesetzt haben. Aber erst am Ende der Zeit wird alle Sehnsucht gestillt und Gott alles in allem sein.

- Zweitens: Die Kirche ist der Anwalt des Reiches Gottes mitten in der Zeit. Sie ist jenes Volk Gottes, das – begleitet von der vergebenden Macht Gottes – unterwegs ist durch die Geschichte und die Heilsbotschaft an alle Menschen auszurichten hat. Sie ist dazu kraft des Heiligen Geistes fähig.

- Drittens: Im Laufe der Jahrzehnte wächst das Krisen-, Schuld- und Umkehrbewußtsein der Kirchen. Sie erken-nen, daß der moderne Fortschrittswahn und die Aus-beutermentalität gleichermaßen die Armen der Welt ins Elend stürzt, besonders deren Umwelt nachhaltig schä-digt, damit viele regionale Kriege erst möglich macht und an den Existenzgrundlagen der kommenden Generatio-nen Raubbau betreibt. Die Christen haben sich in diese Entwicklung weitgehend eingefügt und viel zu selten prophetisch dagegen geredet und gehandelt.

- Viertens: Der von den NRK geforderte Bewußtseins-wandel ist also mindestens in wesentlichen kirchlichen Dokumenten durchwegs vollzogen. Anders als die NRK verbinden die Kirchen damit auch ein Eingeständnis der eigenen Schuld, statt bei sich selbst nur den Neubeginn und die Schuld bei den anderen zu sehen.

- Fünftens: Die Ganzheitlichkeit holen die Kirchen durch die Schöpfungstheologie ein. Im Glauben an einen Gott, der den ganzen Kosmos ins Dasein ruft, ihn im Leben hält, ihm als Menschgewordener ganz vertraut wird und ihn als Geist durch die Geschichte leitet, ist sie allumfassend dargestellt. Wohl prinzipiell, aber selten explizit, sind die den NRK wesentlichen Zugänge – Wissenschaften und Weisheiten – einbezogen. Zwar fördert sogar der Vatikan, nicht bloß die immer zeitzugewandteren evangelischen Kirchen, den Dialog mit Wissenschaft und Weltreligionen, was jedoch in der katholischen Kirche insgesamt nicht wirkmächtig wird. Dafür besteht keine Gefahr für einen Synkretismus, der letztlich zu einem beliebigen Patchwork an (pseudo-)religiösen Inhalten verkommen kann.

- Sechstens: Die Spiritualität, die die NRK einfordern, kommt bei den Christen durch die Freude an der Schöpfung, die Feier der Erlösung und das Vertrauen auf den Heiligen Geist zum Ausdruck. Sie wird allerdings häufig nicht alltäglich, sondern nur binnenkirchlich kultiviert und findet selbst dort wenig Ausdruck in Formen der Gotteserfahrung und der Mystik. Dafür besteht bei ihnen nicht die Gefahr, daß die Suche nach Mystik zur Sucht nach künstlich hergestellten Entrückungserfahrungen verkommt.

- Siebtens: Der Netzwerkgedanke der NRK ist in der Kirche mindestens seit dem Konzil durch die theologische Priorität des Volkes Gottes vor der Hierarchie zum Ausdruck gebracht. Die Vernetzung der Menschen geschieht demnach nicht aus eigenem und widerrufbarem Beschluß, sondern ist eine Folge der Erwählung durch Gott. In der kirchlichen Realität hat dies jedoch an den Machtstrukturen, die Laien weitgehend ausschließen, wenig geändert. Dafür besteht weniger als in den NRK die Gefahr, daß sich zwar alle im Netz geborgen, aber keiner sich für die Wirkung des Netzes verantwortlich fühlt.

2. Kritik an den Neuen Religiösen Kulturformen aus der Perspektive der Moderne

Wir sind bei der Auswertung dessen, was die NRK an Herausforderungen bieten, zuerst ihren Schlüsselwörtern gefolgt. Es wurde deutlich, daß sie in einer spezifisch christlichen Weise in kirchlichen Dokumenten ebenfalls prägend sind, wenngleich sich das auf die kirchliche Realität oft wenig auswirkt. Daß in den NRK die praktische Ausgestaltung mit den visionären Inhalten oft auch nicht Schritt halten kann, ist ebenfalls bekannt.

Nun stellt sich die Frage, ob auf die postmodernen Problemanzeigen und Zielsetzungen, wie sie die NRK darstellen, nur auf religiöse Weise reagiert werden kann. Ist also die Moderne säkular und damit zwangsläufig unreligiös? Ist die Postmoderne notwendig religiös und damit entweder explizit christlich oder synkretistisch? Die Frage danach, ob moderne Menschen Christen sein können, hat das Konzil durch sein „Aggiornamento" und seine pastorale Ausrichtung eindeutig mit Ja beantwortet. Und die Entwicklung der Gemeinden seither gibt ihm recht, wenngleich der gegenwärtige innerkatholische Konflikt sich gerade an dieser Frage entzündet.

Für unseren Zusammenhang ist die zweite Frage wichtig. Kann man den Herausforderungen der Moderne nur auf religiöse, also postmoderne Weise begegnen? Gibt es die Möglichkeit, ihnen auch säkular – also modern – gerecht zu werden? Läßt sich die Krise der modernen Welt dadurch überwinden, daß man sie mit ihren säkularen Werten und Zielsetzungen beim Wort nimmt? Ließe sich das zeigen, dann könnte die Kirche *auf postmoderne Weise* christlich sein, wie oben angesprochen, und damit nicht einfach den NRK das religiöse Feld überlassen. Sie könnte aber die gleichen Ziele auch *säkular in und mit der modernen Welt* verfolgen und damit die Zukunftsgestaltung der Weltgesellschaft explizit christlich mittragen.

Dieser Nachweis soll im folgenden erbracht werden, wieder entlang der Schlüsselwörter. Im vorigen Abschnitt haben wir sie explizit christlich gefüllt und von da her Versäumnisse in der Kirche wie den NRK angesprochen. Jetzt werden diese Schlüsselwörter selbst aus ihrer religiösen Form gelöst und auf ihren säkularen Anforderungscharakter im Horizont der Moderne befragt. In einem zweiten Schritt werden sie dann in eine moderne Gestalt des Christlichen eingebunden – in eine Prophetie zwischen Eschatologie und Phantasie.

2.1 KRITIK DER SCHLÜSSELWÖRTER

Wir sind bisher mit den Schlüsselwörtern in ihrem Sinn umgegangen, ohne sie in ihrer Gestaltung näher zu hinterfragen. Das soll im folgenden geschehen, und zwar dadurch, daß an ihnen der Mythos sichtbar gemacht wird, mit dem man sie umgibt. Um jeden dieser Begriffe ist ein Schleier des Geheimnisses gelegt. Das ist typisch für Religionen und den Umgang mit ihren zentralen Inhalten. Da es aber unser Versuch sein soll, die Herausforderungen der Postmoderne säkular anzusehen, gilt es, diesen Schleier zu entfernen. *„Entmythologisierung"* hat Bultmann diesen Vorgang genannt. Wenn er für die NRK gelingt, dann ist damit der Vorwurf gegen sie verständlich, sie würden eine „Remythisierung" moderner Fragestellungen betreiben.

Betrachten wir zuerst den Bewußtseinswandel. Im New Age ist er mit dem *Mythos des Wassermanns* verbunden, sonst mit dem Mythos des *Paradigmenwechsels*. In beiden Fällen handelt es sich um die gläubige Überzeugung, daß uns durch irgendwelche Umstände eine neue Zeit geschenkt wird. Wer an den Wassermann glaubt, macht dafür den Wechsel der Gestirnkonstellationen verantwortlich. Beim Paradigmenwechsel ist es eine kritische Masse von Menschen mit neuem Bewußtsein, die das Umkippen in neue Verhältnisse herbeiführt. Beide Vorstellungen lassen sich irgendwie einsichtig machen. Als Mythos wirksam werden sie nur für den, der an sie glaubt.

Betrachten wir mit säkularem Blick das Anliegen hinter dem Mythos. Es wurde oben bereits beschrieben, daß es den

NRK um Krisenbewußtsein, das Hoffnungspotential Paradigmenwechsel und eine persönliche und gesellschaftliche Transformation geht. Sie suchen also – säkular gewendet – Beachtung für die katastrophalen Krisenfolgen moderner Wirtschaft und Technologie, die Hoffnung, daß sich dagegen etwas machen läßt, und die Überzeugung, daß der einzelne darin nicht ganz macht- und hilflos ist.

In der Futurologie – also der professionellen Zukunftsforschung – werden die modernen Herausforderungen „Challenges" genannt: die Frage nach Gerechtigkeit, Frieden und Bewahrung der natürlichen Lebensgrundlagen auf Weltebene, die Frage nach der Gestaltung der Arbeitswelt und der Beziehungswelt auf Gesellschaftsebene, die Frage nach dem Lebensstil und dem Lebenssinn und damit der Religion für den persönlichen Bereich. Was die NRK also Bewußtseinswandel nennen, kann man säkular als *„Challenge-Gerechtigkeit"* bezeichnen: Es ist ein politisches Handeln gefordert, das die Herausforderungen sieht und sie engagiert und angemessen zu lösen trachtet.

Die Ganzheitlichkeit ist in den NRK mit dem Mythos der Gaia und der Selbstfindung verbunden. *„Gaia"* bedeutet die Erde, insofern sie als beseelt angesehen wird. Es ist die „große Mutter Natur", die uns als ihre Kinder hervorbringt, ernährt und behütet und gegen die wir uns bei Strafe unseres Todes und dem Aussterben der Menschheit versündigen können. Das ist die ökologische Seite der Ganzheitlichkeit. Die psychologische baut auf den Mythos der *Selbstfindung*. Der Mensch ist in sich eine heile und göttliche Welt, die durch Erziehung, Zivilisationsschäden und gesellschaftliche Zwänge gestört wird. Es gilt, alle schädlichen Einflüsse zu beseitigen und ganz man selbst zu werden.

Die Anliegen der Ganzheitlichkeit wurden dargestellt: Alles ist gut, wertvoll und göttlich, im einzelnen aber von beschränkter Bedeutung. Und die Wahrheit liegt in der Tiefe der Dinge. Säkular gewendet ist das Anliegen, die Vielschichtigkeit der Dinge und die Komplexität des Lebendigen ernst zu nehmen. Gilt das bereits für die Natur, so erst recht für den Menschen, der in seiner ganzen personalen Würde zu

achten und zu fördern ist. Der Ansatz der Ganzheitlichkeit ist
so besehen ein Aufstand gegen eine spezialisierte Wissenschaft und Technik, die das Lebendige aus dem Blick verlieren, und gegen einen bürokratischen Umgang mit dem
Menschen, der ihn zur Nummer degradiert. Als säkulare
Lösung wäre demnach die *„Lebensförderlichkeit"* unseres
Umgangs mit der Welt und dem Menschen gefordert, die
gegen die moderne Verzweckung und Ausbeutung zu stellen ist.[98]

Der Begriff der Spiritualität ist in den NRK mit dem
Mythos der Erleuchtung und Transzendierung verbunden.
Die *Erleuchtung* führt in das eigene Innere, wo man die Tiefe
der Psyche als göttliches Geheimnis wahrnimmt. Wer sich
darin meditierend vertieft, meint im Kosmos aufzugehen. Ein
anderer Weg ist das Sich-Einfühlen in das Atmen der Natur,
um sich mit ihr gleichsam zu verschmelzen. Sowohl der Weg
in das Jenseits meines Innern als in das Überschreiten meiner
selbst eröffnen eine Geisteshaltung des Staunens, der Ehrfurcht und der Demut.

Als säkulares Anliegen hinter dieser zutiefst religiösen
Haltung läßt sich die Suche nach *ehrfurchtgebietender Schönheit*
vermuten. Die moderne Welt ist an Zweckmäßigkeit ausgerichtet und braucht eine gewisse Art von Schönheit nur noch
zur verkaufsfördernden Imagepflege. Das Schöne verkommt
zum Kitsch, zum Stiling, zur Verpackung. Das reicht auf die
Dauer offenbar menschlich nicht. Schon die Klassik wußte
darum, daß erst die Hinwendung zum Schönen, Guten und
Wahren den Menschen zum Menschen macht.

Die Idee des Netzwerks ist mit dem Mythos *egalitärer
Familien-, Clan- oder Kommunenstrukturen* einerseits, dem
Mythos *weltumspannender Solidarität* andererseits verbunden.
Man könnte darin Spätformen einer gescheiterten sozialisti-
schen Weltrevolution vermuten. Sicher steht dahinter das
Leiden an moderner Anonymität und Vereinzelung einerseits, dem Verlust gemeinsamer gesellschaftlicher Ziele andererseits. Jeder scheint nur noch den eigenen Interessen und
deren Befriedigung nachzujagen. Verantwortung füreinander ist in gesellschaftlichen Dimensionen zum notdürftigen

Interessenausgleich politisch mächtiger Gruppen verkommen. Wer keine Lobby hat, bleibt auf der Strecke.

Säkular gewendet ist der Netzwerkgedanke also die Suche nach neuen Strukturen gemeinsamer Entscheidungen und gemeinsamer Verantwortung. Das impliziert die Bereitschaft, die eigenen Interessen offen darzulegen, an einem ehrlichen Ausgleich zu arbeiten, für Entwicklungen eine gemeinsame Verantwortung zu suchen und die Wissenschaft interdisziplinär statt fachspezialisiert weiterzutreiben. *Ehrliche Zusammenarbeit* ist also gefordert, die von Dialog, Kompetenz und Verantwortungsbereitschaft getragen ist.

Die in den Schlüsselwörtern ausgedrückten Anliegen der NRK sind also nicht nur in ihrer postmodern-religiösen, sondern auch in einer modern-säkularen Form auszugestalten. Demnach sind die katastrophalen Krisenfolgen moderner Entwicklungen durch Vorgangsweisen zu überwinden, die im Sinne der Moderne sind: Challenge-Gerechtigkeit, Lebensförderlichkeit, ehrfurchtgebietende Schönheit und ehrliche Zusammenarbeit.

2.2 Prophetie zwischen Eschatologie und Phantasie

Wir haben versucht, den säkularen Anteil an den Schlüsselwörtern der NRK herauszufiltern. Das ist prinzipiell möglich und läßt sich als Forderungen an moderne Wirtschafts- und Gesellschaftsgestaltung formulieren. Diese Forderungen sind aber weder unmittelbar in Gesetzen zu formulieren noch lassen sie sich nach marktwirtschaftlichen Prinzipien verfolgen. Ehrliche Zusammenarbeit z. B. läßt sich nicht per Gesetz einfordern und nicht nach einem Geldwert benennen. Solche Forderungen lassen sich nur im Rahmen eines Ethos erheben, brauchen also eine Religion – mindestens eine „civil religion", also eine jenseits jeder Diskussion stehende allgemeine gesellschaftliche Übereinkunft.

Damit schließen unsere Überlegungen an die philosophische Postmoderne-Diskussion an: Gerade wer die Krise der Moderne mit ihren eigenen Mitteln lösen will, ist auf ein *Ethos* angewiesen, das sich aus der säkularen Pluralität nicht begründen läßt. Wäre die Moderne hauptsächlich dadurch gekennzeichnet, daß alles geht, aber keiner mehr weiß, wie es geht, ihre Probleme wären unlösbar, weil ein gemeinsames Ethos fehlt. Ist die Moderne aber dadurch gekennzeichnet, daß sie den Fortschritt zum Mythos macht – also ihn zur Zivilreligion erhebt –, dann ist gerade dieser Mythos die Ursache der Krise und daher abzulösen.

Nun ist der historisch ursprüngliche Mythos der Moderne nicht der Fortschritt (er ist eine industrielle Vision), sondern die *aufgeklärte Vernunft*. Beide werden in den NRK gleichermaßen in Frage gestellt. Das Christliche kann sich dem gut anschließen aus der historischen Erfahrung, man wolle über die Rationalität den Glauben zum überholten Relikt früherer Zeiten erklären. Damit stehen wir heute tatsächlich an einem Wendepunkt.

Der Mythos der rationalen Vernunft konnte die Religion nicht abschaffen, sondern hat eine neue geboren: den *Fortschrittsglauben*. Das war eine beinahe zwangsläufige Entwicklung, weil die Rationalität die kompetente Lösung von Problemen zum Inhalt hat. Je kompetenter nun Problemlösungen sind, desto komplexer werden zuerst die Lösungen und dann die neuen Probleme, die aus ihnen entstehen. Irgendwann kommt der Punkt, wo die Komplexität der Fragestellungen die Möglichkeiten übersteigt, mit ihnen noch kompetent umzugehen. Moderne Computer können Unmengen an Daten verarbeiten, aber sie können keine Entscheidungen treffen. Moderne Wissenschafter sind hochkompetent in ihrem Bereich, aber jede konkrete Problemstellung geht weit über ihren Bereich hinaus. Moderne Politiker mögen noch so sehr um das Gemeinwohl bemüht sein, aber sie haben kaum einen Einfluß auf die Selbstentwicklung komplexer moderner Gesellschaften. Der moderne Mensch, der Rationalität verpflichtet, gerät in die Rolle des Zauberlehrlings – und nur ein Gott kann uns retten.

In dieser verzweifelten Situation mag man sich an jenen Gott zurückbesinnen, den man längst für tot gehalten hatte. Man opfert ihm wie in alten Zeiten und hofft, daß er sich erbarmt. Religiöse *Fundamentalismen* sind also eine logische

161

Konsequenz einer neuen Unübersichtlichkeit im Gefolge aufgeklärter Rationalität. Eine andere Lösung besteht darin, das Problem – nämlich den nicht mehr kontrollierbaren Fortschritt – selbst zum Mythos zu erklären. So entsteht jener Fortschrittsglaube, dem im Sinne des Wirtschaftswachstums als ungefragtes Allheilmittel alles zum Opfer gebracht werden darf und muß: die Menschlichkeit, der Lebenssinn, die Familie, die Schönheit, die kulturelle und biologische Vielfalt und schließlich die Wahrheit.

Nach rationalen Kriterien ist der Preis für den vermeintlichen Fortschritt längst unverhältnismäßig hoch. Also muß er verschleiert und der Nutzen unproportional hoch angesetzt werden, um das System zu erhalten. Die *Lüge* wird zur notwendigen Selbstverständlichkeit. So haben wir uns z. B. daran gewöhnt, daß wir in der Werbung emotional belogen werden. Niemand glaubt tatsächlich, daß Pulversuppen das Familienglück fördern oder daß Schmelzkäse von eifrig rührenden Sennerinnen auf einer Alm des 19. Jh.s erzeugt wird. Würde man aber in der Werbung wahrheitsgemäß zeigen, mit wie vielen chemischen Tricks die industriellen Nahrungsmittel zu einigermaßen appetitlich aussehenden Produkten geschönt werden, so daß man ihre Wertlosigkeit als Lebensmittel nicht sogleich merkt – nur wenige würden sie kaufen. Das System funktioniert jedoch nur so lange, als fast alle dazu bereit sind, in sinn- und geisttötenden Arbeitsprozessen ihr Leben zu versäumen, um jenes Geld zu verdienen, das sie dann für ebenso sinn- und qualitätslose Produkte wieder ausgeben.

Das System läuft grundsätzlich verkehrt; wir brauchen einen Paradigmenwechsel, also eine vom Prinzip her neue Art, das gesellschaftliche Leben zu organisieren – so die Konsequenz der NRK als Kritik an der Moderne und Lösungsweg jenseits von ihr. Wir müssen gegen die moderne Lüge die Wahrheit des Glaubens stellen – so ohne hinreichende Zeitanalyse, aber instinktiv richtig die religiösen Fundamentalisten aller Richtungen. Die Moderne scheint am *Verlust des Schönen* (durch reine Funktionalität), *des Guten* (durch die fehlende Grundlage für ein Ethos) *und des Wahren* (durch die Lüge als Systemnotwendigkeit des Fortschritts-

162

mythos) zu scheitern. Sie wird unmenschlich, ja tödlich. Der Fortschritt frißt seine Kinder.

Wir sind also offenbar wirklich an einem *„Drehpunkt" der Moderne* angelangt, wie Kaufmann meint. Der Mythos der Nachkriegszeit, der Fortschrittsglaube, hat zu einer universalen Krise geführt, die nur durch eine fundamentale Umkehr überwindbar scheint. Die Lösungsansätze der NRK, kristallisiert in den Schlüsselwörtern, sind in einer säkularen Form faßbar, die aber ebenfalls nur im Rahmen eines Ethos – allerdings nicht nur eines okkult-esoterisch-psychologischen – realisierbar sind. Der ursprüngliche Mythos der Aufklärung, die Entwicklung der Vernunft, hat in den tödlichen Fortschrittsmythos geführt. Wahrscheinlich kann es das Verdienst der Postmoderne sein, diese Logik zu durchbrechen und damit die Moderne und möglicherweise die Menschheit zu retten.

Der Fehler beginnt dort, wo die Vernunft beginnt, den Rahmen des Menschlichen überschreiten zu wollen. Nicht das Bemühen um kompetente Lösungen ist das Übel, sondern die Maßlosigkeit des Anspruchs, alles lösen zu können. Erst wo die *Selbstüberschätzung* zur Methode wird, muß die Lüge zum System werden: zur tödlichen Spirale des Fortschritts. Auch die Bibel sieht darin das Urproblem des Menschen (es ist also kein modernes): Er trachtet danach, jene umfassende Erkenntnis zu besitzen, die nur Gott zukommt, nämlich das Gute vom Bösen zu unterscheiden – und verliert damit das Paradies, so die Bibel.

Insofern kann der Paradigmenwechsel der Moderne nur eine *Umkehr zu Gott* sein, also der fundamentale Abschied von der Vorstellung, der Mensch könne sein vernunftbegabtes Wesen nur gegen Gott zur Entfaltung bringen. Die Ursünde der Moderne ist der Absolutheitsanspruch des rationalen Subjekts. Das bedeutet aber gerade nicht, die Lösung moderner Probleme sei in der Irrationalität zu finden. Postmoderne Mythen lösen keine Probleme. Die moderne Krise kann nur durch vernünftige gemeinsame Anstrengungen gelöst werden – also im Rahmen und mit den Mitteln der Moderne, nicht gegen oder ohne sie. Aber diese vernünftigen Lösungswege müssen im Rahmen des Menschlichen bleiben: überschaubar, bescheiden, fehlerfreundlich, naturnah. Khor und Schumacher hatten recht mit ihrem Programm: „Small is beautiful".

Ein entsprechendes Ethos – wie wir es oben als säkulare Form der Schlüsselwörter der NRK zu skizzieren versuchten – braucht eine *Religion*, um es dauerhaft zu begründen und zu stützen. Die mindestens theoretische Abkehr von der Religion war ein Fehler der Moderne. Das Christentum eignet sich dafür exzellent – und das aus mehreren Gründen:

– Es formuliert sich selbst in neuerer Zeit gemäß postmodernen Spielregeln, wie sie in den NRK sichtbar werden: Ihre Schlüsselwörter sind christlich theologisch gestaltbar.

– Es verfällt dabei nicht dem modernen Fortschrittsmythos, wie es in den NRK oft zu beobachten ist, weil es auch jene Inhalte in seiner Glaubenstradition immer mitnimmt, die den Zeittendenzen entgegenlaufen.

– Es hat ein positives Verhältnis zur Vernunftbezogenheit und Handlungsorientiertheit des modernen Menschen, weil sich die Moderne aus seiner Inspiration heraus entwickelt hat.

– Es hat weltweit und besonders auch in den wirtschaftlich mächtigen westlichen Nationen eine traditionell starke Verbreitung und nach wie vor einen nicht geringen gesellschaftspolitischen Einfluß auf deren Entwicklung.

Das Christentum eignet sich also hervorragend als *Begründungshorizont für ein modernes Ethos*. Es kann die Forderungen an eine gedeihliche Weiterentwicklung der Moderne stützen, weil es sowohl ein positives Verhältnis zu ihrer Säkularität als auch zur postmodern-religiösen Ausgestaltung der Notwendigkeiten hat. Dazu muß es der Ursünde der Moderne, dem Absolutheitsanspruch des rationalen Subjekts, wirksam und zugleich moderneverträglich entgegentreten. Den Spielplan dazu haben Harvey Cox und Jürgen Moltmann bereits vor 30 Jahren abgesteckt: Prophetie zwischen Phantasie und Eschatologie.[99]

Die moderne Welt verlangt mit dem *Mythos der Rationalität* einen Ernst und eine Konsequenz im Leben, die der

Mensch nicht durchhalten kann. Wer moderne Hochtechnologien überwacht, müßte das mit einem hohen Maß an Konzentration und Disziplin tun, möglicherweise jahrzehntelang ohne einen ernsthaften Störfall. Eine kleine Nachlässigkeit kann bereits zu katastrophalen Folgen führen, die sich durch nichts sinnenfällig ankündigen und die in jeder Hinsicht unbeherrschbar sind. Auf Atom- und Gentechnologie sollte man also schon deshalb verzichten, weil ihre Handhabung Unmenschliches verlangt. Gleiches gilt im alltäglichen Leben etwa im Straßenverkehr: Moderne Autos werden bei hohen Geschwindigkeiten unversehens zu Geschoßen, die laufend Tausenden Unbeteiligten das Leben kosten. Wer das System erhalten will, muß solche Auswirkungen tabuisieren.

Der *Mythos der allumfassenden Lösungskompetenz* erfordert einen Überblick und eine Einsatzbereitschaft, die ebenfalls nicht zu leisten sind. Sie verkommen zu Ellbogenmentalität, reiner Machtpolitik und Korruption. Dem entspricht als Persönlichkeitsbild der Mythos des in jeder Hinsicht allzeit bereiten Kämpfers, der für seine Ziele eiskalt und erfolgreich über Leichen geht. In der alltäglichen Realität erzeugt das jenen dauernden Streß, der feindselige Aggressivität, depressive Verzweiflung, hedonistische Oberflächlichkeit und die Flucht in allerlei Drogen zur Folge hat. Der moderne Zwang zu unmenschlichen Höchstleistungen an Ernst und Entschiedenheit bringt durch ständige Überforderung das genaue Gegenteil hervor.

Die *christliche Erlösungsbotschaft* für diese Zeit heißt: Gott hat uns zum Schönen, zum Lachen und zum Fest berufen. Der Sonntag ist zur fortwährenden Erinnerung daran die Unterbrechung der alltäglichen Sachzwänge, wo alle Probleme ausgesetzt sind, weil er uns als Anzahlung auf das Paradies geschenkt ist. Er ist die Wurzel für eine Phantasie, die aus der Freude an der Lebendigkeit des Reiches Gottes wächst. Es ist jene Phantasie, die nur der Liebe entspringt. Wer liebt, der ist einfallsreich, um das Schöne und Gute zu schaffen. Wer liebt, der macht den eigenen Vorteil nicht zum Maßstab des Möglichen. Wer liebt, der ersehnt alles und gibt sich doch mit wenig zufrieden. Wer liebt, der bringt im Problemfall auch den Ernst und die Entschiedenheit auf, um das Nötige zu tun. Erst die Phantasie der Liebe macht gute Problemlösung möglich.

Die andere Seite der christlichen Erlösungsbotschaft für die moderne Welt heißt: Der Mensch ist für das Paradies geschaffen, das er erst am Ende der Zeit erreichen kann. Er wird also immer von Sehnsüchten nach dem Vollkommenen getrieben. Ein Scharlatan ist, wer ihre Einlösung hier und jetzt verspricht. Übergroße Anstrengungen sind daher eine sinnlose Überforderung des Menschen. Dennoch sind wir nicht in das Elend verbannt, weil das Reich Gottes bereits mitten unter uns lebendig ist. Wer also alles getan hat, was sinnvoll in seiner Macht steht, der kann den Rest mit Humor und Gelassenheit der Allmacht Gottes überlassen.

Es ist also angesichts der modernen Herausforderungen die Aufgabe der Kirche, die *Phantasie der Liebe* gegen die phantasielose Maßlosigkeit moderner Technologie und Bürokratie zu stellen. Sie muß daran erinnern, daß uns der „Himmel zwischen uns" bereits geschenkt ist – aber erst in Ansätzen, noch nicht in Vollendung. Daraus erwächst unsere Verantwortung, die im Menschenmöglichen seine Grenzen findet; Humor und Gelassenheit sind angebracht. Wenn die Kirche diese Grundhaltungen glaubhaft vertritt und an den säkularen Herausforderungen der Moderne wirksam mitarbeitet, dann erfüllt sie ihre prophetische Dimension in unserer Zeit. Sie wird darin auch ihre eigene Identität und Kraft wiederfinden.

2.3 Wahrheit und pastorale Strukturen

Prophetie ist unter modernen Bedingungen die Kraft, im Namen eines Höheren die katastrophalen Zustände zu benennen und Auswege in eine gedeihliche Zukunft aufzuzeigen, die uns als ganze geschenkt und nach menschlichen Maßstäben von uns zu verantworten ist. Der Rekurs auf „die Wahrheit" ist dabei – wie oben angesprochen – von zentraler Bedeutung, wenn auch ihre Autorität immer relativ bleibt. Andererseits kann der Mensch auf Dauer weder in der Unübersichtlichkeit noch auf dem Boden widerrufbarer Arbeitshypothesen leben. Die Wahrheitsfrage ist das zentrale Thema der Postmoderne.

In diesem letzten Abschnitt soll es darum gehen, die moderne Krise, wie sie die NRK beschreiben, in ihren Herausforderungen für die Kirche zu werten. Wir greifen dabei auf jenes Grundmuster zurück, in dem die NRK ihre Lebensqualität ausgestalten: Lebenshilfe, Verheißung und Erbauung. Es wird darum gehen, diese Struktur auf eine explizit *christliche Verortung der Wahrheitsfrage* weiterzudenken und daraus Konsequenzen für das pastorale Handeln der Kirche abzuleiten.

Betrachten wir zuerst den Bereich der Lebenshilfe. Die NRK symbolisieren in ihm, daß sie die ganz konkreten menschlichen Sorgen und Probleme kennen und sich ihrer so annehmen, daß der/die Betroffene dabei selbstmächtig wird und zu sich selbst findet. Bringt man das mit der Wahrheitsfrage in Verbindung, so folgt daraus: *Wahrheit muß im Kontext des Personalen stehen.* Sie läßt sich also nicht als Sammlung unumstößlicher Sätze und nicht von amtlichen Autoritätspersonen vertreten. Sie braucht hingegen glaubwürdige Zeugenschaft, hat ihren Platz in gewachsenen Vertrauensverhältnissen und argumentiert in modernen Verständnisstrukturen.

Pastorale Realität gewinnt diese Dimension vor allem in allen *seelsorglichen Zusammenhängen*. Wo moderne Menschen die Nähe zur Kirche suchen, müssen sie auf Menschen treffen, die die Freude ihres Gottes liebenswürdig, barmherzig und respektvoll in das konkrete Leben hinein sprechen. Eng gebunden ist das an den diakonischen Bereich: Wer heute Hilfe braucht, benötigt in der Regel nicht bloß Trost und Wegweisung, sondern dazu professionelle Hilfe im psychologischen, juristischen, bürokratischen oder materiellen Bereich. Die Zusammenarbeit von Menschen unterschiedlicher Kompetenz, von Priestern und LaienseelsorgerInnen, wird unabdingbar.

Im Bereich der Verheißung symbolisieren die NRK, daß es Hoffnung auf die Fülle des Lebens gibt, weil der Umschwung bereits da ist. Bringt man das mit der Wahrheitsfrage im christlichen Sinn zusammen, dann folgt daraus: *Wahrheit muß im Kontext des Reiches Gottes stehen.* Sie hat eine adventliche und eine eschatologische Dimension. Christen leben aus der Erwartung auf den Herrn, der ihnen entgegengeht. Unter modernen Bedingungen ist das vor allem als beflügelnde Vision darzustellen, als die nie enden wollende Kraft und Begeisterung, es trotz aller Rückschläge immer wieder mit der verrückten Realität des Gottesgeistes mitten im Leben zu versuchen.

In der pastoralen Realität bedeutet das, die *Pläne und Strukturen* auf allen Ebenen immer wieder darauf hin zu befragen, ob sie der gegenwärtig tauglichste Weg sind, das Reich Gottes für moderne Menschen präsent zu halten. Angesichts der kirchlichen Lage wird es noch viel liebevolle Phantasie brauchen, um dabei nicht von in der Wolle gefärbten Kirchgängern und jahrhundertealten Pastoralstrukturen aus zu denken, sondern am modernen Leben Maß zu nehmen. Ebenso wichtig wie die kirchliche Strukturplanung ist ihre politische Verantwortung in den Entwicklungsfragen der Gesellschaft und der Menschheit. Hier wird die Zusammenarbeit über alle Grenzen von Gesellschaftssystemen, Religionen, Wissenschaftsdisziplinen und Handlungsbereichen nötig sein.

Im Bereich der Erbauung schließlich symbolisieren die NRK, daß es die ersehnte Lebensqualität jetzt schon gibt; zwar nicht in letzter Vollendung, aber doch als geglückte und beglückende Vorausschau. Bringt man dies mit der christlichen Wahrheitsfrage in Verbindung, so folgt: *Wahrheit muß im Kontext der Gnade stehen.* Sie muß also sichtbar machen, daß die Erlösung uns schon längst geschenkt ist, vor aller Leistung und trotz aller Schuld. Unter modernen Bedingungen der unmenschlichen Erfolgsanforderungen und der hoffnungslosen Verstrickung in Sachzwänge hat also die Frohbotschaft von der geschenkten Freiheit absolute Priorität.

In der pastoralen Realität heißt das, daß das *zweckfreie Feiern* neu kultiviert werden muß. Spiel, Fest und Feier, Lachen, Vertrauen und Zuversicht müssen das kirchliche Leben und all seine Aktivitäten prägen. Mit viel Liebe sollte man die kleinen Bedürfnisse ernst nehmen und erfüllen, sollte sich um das Schöne in allen Bereichen bemühen, sollte die Muße und das Zeithaben kultivieren. Das ist dann der rechte Hintergrund, um auch zu einer geistlichen Vertiefung zu finden. Zentral wird sein, auch dabei die unterschiedlichen Bedürfnisse und Fähigkeiten zu berücksichtigen. Wo gibt es pfarrliche Vorgänge für Laien, die ernstmachen wollen mit der biblischen Zumutung, Heilige zu sein? Wer bietet „Anfängerkurse im Glauben" für Personen ohne kirchliche Sozialisation? Wo kann man an der „Freude der Kinder Gottes" teilhaben, ohne gleich zur Arbeit eingeteilt zu werden?

Insgesamt ist wohl die Entwicklung richtig, die zu einem intensiven kirchlichen Gemeindeleben führt. Weiter zu entwickeln ist die bunte *Vielfalt von Vollzügen und Gestaltungsformen*, die sich alle als kirchlich verstehen und als solche auch vorbehaltlos bestätigt werden. Vor allem im städtischen Bereich braucht es dazu eine phantasievolle Arbeitsteilung. Gemäß dem Konzil ist die Diözese die kleinste Einheit, die ganz Kirche ist. In ihr müssen alle kirchlichen Aufgaben erfüllt sein, jedoch nicht in jeder Pfarre. Es wird daher immer wichtiger werden, die Vielfalt und die Kommunikation überpfarrlich zu verteilen. In Zeiten der Computerisierung muß es selbstverständlich werden, daß jemand in jeder beliebigen Pfarrkanzlei oder über Internet mindestens stadtweit alle kirchlichen Angebote mit kurzer Beschreibung des Inhalts und der Zielgruppe abrufen kann. Es wird dann auch Geld und Personal für Aktivitäten geben müssen, die in neuen Bereichen jenseits der Pfarr- und Zielgruppenpastoral angesiedelt sind: Aktionsgruppen zu politischen Fragen, Arbeitskreise zu gesellschaftlichen Entwicklungen, Planspiele zur Reich-Gottes-Vision, spirituelle Events mit längerer geistlicher Vorbereitung, Festzeiten mit ganzheitlicher Durchgestaltung eines ganzen Stadtteils usw.

Das allermeiste gibt es bereits in irgendeiner Weise, getragen oft von Verbänden der Katholischen Aktion. Es findet aber keine *Vermischung der Personenkreise* statt, weil dazu die Information nicht reicht und die Arbeitsbelastung zu hoch ist. Vielleicht wäre es ein realistisches Ziel für engagierte

ChristInnen, in einem Bereich mit einem Drittel seines Zeitbudgets verantwortlich tätig zu sein und die anderen zwei Drittel der Zeit dazu zu nutzen, um der Freude Gottes an noch unbekannten Orten nachzuspüren. Die Kirche würde schlagartig missionarischer werden, weil jeder sich die meiste Zeit als Fremder erfährt, wollte er nur mit bekannten Personen ins Gespräch kommen. Die geschlossenen Zirkel, die niemanden weg- und niemanden dazu lassen, würden sich aufhören. Das kirchliche Gemeindeleben würde freiheitlicher. Es würde gleichzeitig auch menschenfreundlicher und spirituell intensiver werden müssen, damit sich die Leute ohne Sozialkontrolle nicht schnell verlieren.

Insgesamt heißt die Herausforderung der Kirche durch die moderne Krise, prophetisch für die Wahrheit einzustehen und das nach den Spielregeln der NRK in vielfältige pastorale Vorgänge umzusetzen: im Kontext des Personalen, des Reiches Gottes und der geschenkten befreienden Gnade.

Insgesamt wurde in diesem Buch versucht aufzuzeigen:

- Erstens: Die Vielfalt der freiheitlichen religiösen Szene läßt sich nicht inhaltlich, sondern nur strukturell und intentional beschreiben. Die Neuen Religiösen Kulturformen (NRK) orientieren sich strukturell an einer Lebensqualität, die durch Lebenshilfe, Verheißung und Erbauung zu erreichen ist. Intentional sind sie durch vier Schlüsselwörter beschreibbar: Bewußtseinswandel, Ganzheitlichkeit, Spiritualität und Netzwerk.

- Zweitens: Die NRK verstehen sich nicht in Konkurrenz zu den christlichen Kirchen, wenngleich sie als solche in Erscheinung treten, sondern als Gegenpol zu den menschenverachtenden Spielregeln einer ausbeuterischen und fortschrittsgläubigen gottvergessenen Moderne. Darin sind sie, soweit es sich nicht um die beteiligten ChristInnen handelt, mehr Problemanzeige als Lösungspotential einer gesellschaftlichen Krisenlage.

- Drittens: Die Schlüsselwörter der NRK lassen sich christlich prägen. Ohne Bezugnahme dazu hat die Kirche in den letzten Jahrzehnten in zentralen Texten die Botschaft vom Reich Gottes mitten in der Welt betont, in Eingeständnis eigener Mitschuld einen Bewußtseinswandel gefordert, die Ganzheitlichkeit schöpfungstheologisch begründet, die Freude an der Schöpfung, die Feier der Erlösung und das Vertrauen auf den Heiligen Geist in den Mittelpunkt ihrer Spiritualität gestellt und auf die Vernetzung der Menschen durch die Betonung des Volk-Gottes-Gedankens abgezielt. Sie vertritt damit die postmodernen Anliegen der NRK auf ihre Weise, wenngleich sich das nur ansatzweise in den Vollzügen der Kirche durchsetzt.

- Viertens: Die hinter den Schlüsselwörtern stehenden Kritikpunkte und Anliegen der NRK lassen sich auch säkular fassen. Die katastrophalen Krisenfolgen moderner Entwicklungen sind damit durch Vorgangsweisen zu überwinden, die im Sinne der Moderne sind: Challenge-Gerechtigkeit, Lebensförderlichkeit, ehrfurchtgebietende Schönheit und ehrliche Zusammenarbeit. Um sie einfordern zu können, braucht es ein Ethos, welches nur im Kontext einer Religion nicht beliebig zur Disposition steht. Die Moderne ist also zur Beseitigung ihrer Übel auf die religiöse Renaissance der Postmoderne angewiesen. Wenn die Christen dafür nicht zur Verfügung stehen, wird dieser Platz von anderen Bereichen der NRK eingenommen.

- Fünftens: Die Kirche ist in dieser Situation zur Prophetie herausgefordert. Sie muß dem fundamentalen Übel der Moderne, der Lüge als Methode zur Aufrechterhaltung des Fortschrittsmythos, die Wahrheit von der Gottverwiesenheit und gnadenhaft geschenkten Freiheit und Würde des Menschen entgegensetzen. Sie tut das nur wirksam, wenn sie liebenswürdiger, frömmer und kritischer wird. Dazu wird sie eine Vielfalt pastoraler Initiativen fördern müssen, in denen Laien für ihre Wirkungsorte in gesellschaftlichen Vollzügen befähigt werden, eine christliche Zukunftsgestaltung mitzuverantworten. Sie können das aus der Kraft jenes Gottesgeistes, der durch die Phantasie der Liebe eine christliche Lebensqualität als Vorauszahlung auf den Himmel schafft: Reich Gottes mitten unter uns.

ANMERKUNGEN

[1] Widl M., Sehnsuchtsreligion. Neue Religiöse Kulturformen als Herausforderung für die Praxis der Kirchen, Frankfurt/Main 1994.

[2] Schiwy G., Der Geist des Neuen Zeitalters. New-Age-Spiritualität und Christentum, München 1987, 109.

[3] Schlink B., New Age aus biblischer Sicht, Darmstadt [3]1988, 23.

[4] Als Konsequenz feministischer Sprachanalysen werden männliche und weibliche Formen benutzt. Wo dies die Lesbarkeit eher stört, wird wahlweise die eine oder die andere Sprechweise gewählt. Jeweils sind damit aber – außer der Zusammenhang deutet zweifelsfrei auf anderes – beide Geschlechter gemeint.

[5] Mit Titeln wie: Die Macht Ihres Unterbewußtseins, 1986 in 36. Auflage erschienen; Energie aus dem Kosmos; Die Gesetze des Denkens und Glaubens; Die kosmische Dimension Ihrer Kraft; Finde Dein höheres Selbst; Ihr Superbewußtsein; Tele-Psi. Dazu gibt es noch zahlreiche Tonkassetten, etwa die „Meditationen".

[6] Aus dem Werbetext eines Verlagsprospektes.

[7] Murphy J., Die kosmische Dimension Ihrer Kraft. Positives Denken im Einklang mit dem Universum des Geistes, Genf 1982, 15.

[8] „Ernährungsplan" des Ordens Fiat Lux, 5f.

[9] Wessbecher H., Übungsreihe Freiheit. Kassettenreihe zur Entfaltung von Energien und Bewußtsein (THS Technologie für Hemisphären-Synchronisation), Karlsruhe [2]1989, o. S.

[10] Dethlefsen Th., Schicksal als Chance. Das Urwissen zur Vollkommenheit des Menschen, München 1985, 268.

[11] Ferguson M., Die sanfte Verschwörung. Persönliche und Gesellschaftliche Transformationen im Zeitalter des Wassermanns, Basel 1982, 25f.

[12] Trevelyan G., Eine Vision des Wassermann-Zeitalters. Gesetze und Hintergründe des „New Age", Freiburg [5]1986, 99.

[13] Trevelyan G., Unternehmen Erlösung. Hoffnung für die Menschheit, Kimratshofen 1989, 206f.

[14] Vgl. a. a. O.

[15] Vgl. Sudbrack J., Die vergessene Mystik und die Herausforderung des Christentums durch New Age, Würzburg 1988.

[16] Schiwy G., Der Geist des Neuen Zeitalters. New-Age-Spiritualität und Christentum, München 1987, 108f.

[17] Schiwy G., Der kosmische Christus. Spuren Gottes ins Neue Zeitalter, München 1990, 12.

[18] Panikkar R., Der Weisheit eine Wohnung bereiten, München 1991, 186f.

[19] Grof St., Das Abenteuer der Selbstentdeckung. Heilung durch veränderte Bewußtseinszustände. Ein Leitfaden, München 1987, 325f.

[20] Wilber K., Halbzeit der Evolution. Der Mensch auf dem Weg vom animalischen zum kosmischen Bewußtsein. Eine interdisziplinäre Darstellung der Entwicklung des menschlichen Geistes, Bern ⁴1990, 366; 370.

[21] Capra F., Wendezeit. Bausteine für ein neues Weltbild, München 1988, 29.

[22] Capra F./Steindl-Rast D., Wendezeit im Christentum. Perspektiven für eine aufgeklärte Theologie, Bern 1991.

[23] Sheldrake R., Das schöpferische Universum. Die Theorie des morphogenetischen Feldes, München 1983, 13.

[24] Schumacher E. F., Es geht auch anders. Jenseits des Wachstums. Technik und Wirtschaft nach Menschenmaß, München 1974, 69.

[25] Boff L., Von der Würde der Erde. Ökologie – Politik – Mystik, Düsseldorf 1994, 133f, 84f.

[26] Die Gradwohl-Idee 1/90, 6f.

[27] A. a. O., 11.

[28] Ende M., Momo oder Die seltsame Geschichte von den Zeit-Dieben und von dem Kind, das den Menschen die gestohlene Zeit zurückbrachte. Ein Märchen-Roman, Wien o. J., 57; 72.

[29] Eco U., Das Foucaultsche Pendel, München 1989, 548.

[30] Erschienen bei Ravensburger.

[31] Cox H., Licht aus Asien. Verheißung und Versuchung östlicher Religiosität, Stuttgart 1978, 116–122.

[32] Widl, Sehnsuchtsreligion, 107f.

[33] A. a. O., 109–111.

[34] Neuhold L., Wertwandel in westlichen Industriegesellschaften, illustriert am Beispiel der Arbeitswerte in Österreich, Graz 1987; Zsifkovits V., Wertwandel heute. Eine Herausforderung der Christen in der säkularisierten Gesellschaft: StZ 115 (1/90), 17–29.

[35] Inglehart R., The Silent Revolution, Princeton 1977.

[36] Kmierciak P., Wertstrukturen und Wertwandel in der Bundesrepublik Deutschland, Göttingen 1976; Gabriel K., Christentum zwischen Tradition und Postmoderne (QD 141), Freiburg 1992.

[37] Klages H., Wertorientierungen im Wandel. Rückblick, Gegenwartsanalyse, Prognose, Frankfurt 1984.

[38] Zulehner P. M./Denz H., Vom Untertan zum Freiheitskünstler. Eine Kulturdiagnose anhand der Studien Religion im Leben der Österreicher 1970–1990 und der Europäischen Wertestudie – Österreichteil 1990, Wien 1992, 88–98.

[39] Roszak Th., Der Verlust des Denkens. Über die Mythen des Computer-Zeitalters, München 1986.

[40] Beck U., Risikogesellschaft. Auf dem Weg in eine andere Moderne, Frankfurt 1986; Kaufmann F. X., Der Ruf nach Verantwortung. Risiko und Ethik in einer unüberschaubaren Welt, Freiburg 1992.

[41] Elfte These über Feuerbach: Marx K., Die Frühschriften, 341.

[42] Lyotard J.-F., Das postmoderne Wissen, Wien 1986.

[43] Habermas H. J., Die Moderne – ein unvollendetes Projekt. In: Kleine Politische Schriften I–IV, Frankfurt 1981, 444–464.

[44] Ders., Die Neue Unübersichtlichkeit. Kleine politische Vorlesungen V, Frankfurt 1985.

[45] Kaufmann F. X., Religion und Modernität. Sozialwissenschaftliche Perspektiven, Tübingen 1989.

[46] Vgl. ausführlich dazu: Widl M., Sehnsuchtsreligion, 115–146.

[47] Schmidtchen P., Sekten und Psychokultur. Reichweite und Attraktivität von Jugendreligionen in der Bundesrepublik Deutschland, Freiburg 1987.

[48] Widl M., Boltzmann-Studie: New Age im Klassenzimmer. Kirchlichkeit und religiöser Zeitgeist bei Religionsunterrichts-Besucher/inne/n der AHS-Oberstufe (Werkmappe „Sekten, religiöse Sondergemeinschaften, Weltanschauungen" Nr. 51), Wien 1989.

[49] Mischo J., Okkultismus bei Jugendlichen. Ergebnisse einer empirischen Untersuchung, Mainz 1991.

[50] Mörth I., New Age – eine Religion? Theoretische Überlegungen und empirische Hinweise zur sozialen Bedeutung des Wendezeit-Syndroms. In: Kultur und Gesellschaft (24. Deutscher Soziologentag Zürich 1988), hg. v. M. Haller, Frankfurt 1989, 297–320.

[51] Zulehner P. M./Denz H., Vom Untertan zum Freiheitskünstler.

[52] Alternative Lebensstile und Konsummuster, hg. v. Dr. Fessel + GFK Institut für Marktforschung, Wien 1986; Richter R., Lebensstile in der städtischen Gesellschaft. In: Kultur und Gesellschaft, 656–667.

[53] Hummel R., Neue Religiosität als synkretistisches Phänomen: MD 51 (2/88), 33–42.

[54] Hummel R., Zwischen den Zeiten und Kulturen. Die New Age-Bewegung: Die Rückkehr der Zauberer. New Age – Eine Kritik, hg. v. H. Hemminger, Reinbek 1987, 15–57.

[55] Höhn H. J., Gegen-Mythen. Religionsproduktive Tendenzen der Gegenwart (QD 154), Freiburg 1994.

[56] Kaufmann F. X., Religion und Modernität.

[57] Fraas H.-J., Die Religiosität des Menschen. Ein Grundriß der Religionspsychologie, Göttingen 1990.

[58] Mutschler H. D., Physik – Religion – New Age, Würzburg 1990.

[59] Ein schönes Beispiel im NRK-Bereich dazu ist das Kultbuch: Pirsig R. M., Zen und die Kunst, ein Motorrad zu warten. Ein Versuch über Werte, Frankfurt 1986.

[60] Weis Ch., Begnadet, besessen oder was sonst? Okkultismus und christlicher Glaube, Salzburg 1986; Janzen W., Okkultismus. Erscheinungen – Übersinnliche Kräfte – Spiritismus (Serie Unterscheidung), Mainz 1988.

174

[61] Cumbey C., Die sanfte Verführung. Hintergrund und Gefahren der New-Age-Bewegung, Asslar [7]1987; Schlink, New Age aus biblischer Sicht.

[62] Berger K., New Age – Ausweg oder Irrweg, Asslar [2]1987.

[63] Schiwy, Der Geist des Neuen Zeitalters.

[64] Keller C. A., Christliche Gnosis und Gnosisversuche der Neuzeit. Was ist Erkenntnis? In: New Age aus christlicher Sicht. Mit Beiträgen von Joachim Müller, Oswald Eggenberger, Carl A. Keller, Gerhard Voss, Johannes Mischo, Zürich 1987, 51–94.

[65] Vgl. Röm 5 u. 6.

[66] Crowley A., Das Buch des Gesetzes. Liber AL vel legis, Basel [2]1985; Symonds J., Aleister Crowley. Das Tier 666. Leben und Magie?, hg. v. W. Bauer, Basel 1983.

[67] Wenisch B., Satanismus. Schwarze Messen – Dämonenglaube – Hexenkulte (Reihe Unterscheidung), Mainz [2]1989.

[68] Davies P., Gott und die moderne Physik, München 1986; ders., Prinzip Chaos. Die Ordnung des Kosmos, München 1988.

[69] Lorenz K., Das sogenannte Böse. Zur Naturgeschichte der Aggression, München [10]1983.

[70] Haas G., Die Weltsicht von Teilhard und Jung. Gegensätze, die sich vereinen, Olten 1991.

[71] Wilber K., Halbzeit der Evolution. Der Mensch auf dem Weg vom animalischen zum kosmischen Bewußtsein. Eine interdisziplinäre Darstellung der Entwicklung des menschlichen Geistes, Bern [4]1990.

[72] Dethlefsen Th., Schicksal als Chance.

[73] Sudbrack J., Die vergessene Mystik und die Herausforderung des Christentums durch New Age, Würzburg 1988.

[74] Rahner K., „Denn du kommst unserem Tun mit deiner Gnade zuvor –" Zur Theologie der Seelsorge. Paul M. Zulehner im Gespräch mit Karl Rahner, Düsseldorf 1984.

[75] Moser T., Gottesvergiftung. Frankfurt 1980.

[76] Schipfinger T., Sophia – Maria. Eine ganzheitliche Vision der Schöpfung. Ein Beitrag zum Marianischen Jahr und zum Millennium der „Taufe der Rus", München 1988.

[77] Schiwy, Der kosmische Christus.

[78] Fox M., Vision vom Kosmischen Christus. Aufbruch ins dritte Jahrtausend, Stuttgart 1991.

[79] Enomiya-Lassalle H., Mein Weg zum Zen, hg. v. R. Ropers u. B. Snela, München 1988; Griffiths B., Die Hochzeit von Ost und West. Hoffnung für die Menschheit, Salzburg 1983; Steindl-Rast D., Fülle und Nichts. Die Wiedergeburt christlicher Mystik, München 1989.

[80] Die Grünen und die Religion, hg. v. G. Hesse u. H.-H. Wiebe, Frankfurt 1988.

[81] Vester F., Leitmotiv vernetzten Denkens. Für einen besseren Umgang mit der Welt, München [2]1989.

[82] Gen 1,1–2,4a.

[83] Gen 9.
[84] Gen 15 und 17.
[85] Ex 6.
[86] Ex 3.
[87] II. Vatikanisches Konzil, Kirchenkonstitution Nr. 1.
[88] Unsere Hoffnung, 19.21.24.
[89] A. a. O., 24f.27.
[90] A. a. O., 27–29.
[91] A. a. O., 29f.
[92] A. a. O., 31f.
[93] A. a. O., 36.
[94] A. a. O., 37.
[95] A. a. O., 39.
[96] A. a. O., 43.
[97] Dieser und die folgenden Texte aus: Schlußdokument der Europäischen Ökumenischen Versammlung „Frieden in Gerechtigkeit".
[98] Aus diesem Blickwinkel wird auch verständlich, warum die Gaia als das Urprinzip des Weiblichen dargestellt ist.
[99] Cox H., Stadt ohne Gott?, Stuttgart ³1967; ders., Das Fest der Narren. Das Gelächter ist der Hoffnung letzte Waffe, Stuttgart ⁴1972; Moltmann J., Theologie der Hoffnung. Untersuchung zur Begründung und zu den Konsequenzen einer christlichen Eschatologie, München ⁷1968.